本书为国家社会科学基金项目"新生代农民工融入城市的体制与机制研究"（批准号：10BJY035，鉴定等级：优秀）成果

Xinshengdai Nongmingong Rongru Chengshi Wenti yanjiu

新生代农民工融入城市问题研究

许丽英 著

中国社会科学出版社

图书在版编目（CIP）数据

新生代农民工融入城市问题研究／许丽英著．—北京：中国社会科学出版社，2018.8
ISBN 978-7-5203-2917-0

Ⅰ.①新… Ⅱ.①许… Ⅲ.①民工—城市化—研究—中国 Ⅳ.①D422.64

中国版本图书馆 CIP 数据核字（2018）第 172966 号

出 版 人	赵剑英
责任编辑	田　文
特约编辑	张冬锐
责任校对	张爱华
责任印制	王　超

出　　版	中国社会科学出版社
社　　址	北京鼓楼西大街甲 158 号
邮　　编	100720
网　　址	http://www.csspw.cn
发 行 部	010-84083685
门 市 部	010-84029450
经　　销	新华书店及其他书店

印　　刷	北京君升印刷有限公司
装　　订	廊坊市广阳区广增装订厂
版　　次	2018 年 8 月第 1 版
印　　次	2018 年 8 月第 1 次印刷

开　　本	710×1000　1/16
印　　张	13
插　　页	2
字　　数	204 千字
定　　价	56.00 元

凡购买中国社会科学出版社图书，如有质量问题请与本社营销中心联系调换
电话：010-84083683
版权所有　侵权必究

前　言

　　伴随着时代的发展，改革开放的深入，我国农民工数量逐年增加，并在其群体内部出现了代际交替，新生代农民工早已登上城市的舞台，如今，他们已成为城市建设的主力军。据国家统计局最新统计，截至2017年末，全国农民工总量已从2012年末的2亿6300万人增加到2017年末的2亿8652万人。新生代农民工占到了近五成。据国家卫生计生委流动人口司2017年11月10日发布的《中国流动人口发展报告2017》显示，近年来，中国新生代流动人口的比重不断上升，截至2016年底已达到64.7%，成为流动人口中的主力军。在16—59岁的劳动年龄流动人口中，"80后"（出生于1980—1989年间）流动人口比重由2011年的不足50%升至2016年的56.5%；"90后"（出生于1990—1999年间）流动人口比重由2013年的14.5%升至2016年的18.7%，呈现稳步增长的趋势。新生代农民工这个庞大的社会群体流入城市，是我国当前经济社会发展的需要，是推进我国现代化、工业化、城镇化进程的需要。早在2010年，中央一号文件《关于加大统筹城乡发展力度进一步夯实农业农村发展基础的若干意见》首次提出"新生代农民工"的概念后，"新生代农民工"一词正式进入了国家政策文件，新生代农民工的地位、作用获得了国家政策层面的认可。新生代农民工为我国的城市发展作出了巨大贡献，极大地促进了城市经济和城市建设的发展。然而，新生代农民工在为城市经济和城市建设作出重要贡献的同时，自身仍面临着工资收入水平偏低、社会保障缺乏、精神文化生活匮乏、随迁子女学前教育权利得不到有效保障等现实问题。在21世纪的今天，如果他们收入低下、各种权益缺失的状况不能最终得到有效改变,将会延误我国全面建成小康社会和 2035 年基本实现现代化的进程。因此,解决新生代农民工融入城市问题,是解决发展不平衡不充分的重要内容,是促进城乡融合发展的关键环节,是构建和谐社会的必然要求。

近年来,新生代农民工问题始终是学界、政界关注的热点,并作为一个理论热点进入人们的视野,笔者也加入到了这一研究热潮之中,并以新生代农民工各项"权利"为主线,以其经济融入、民生融入、政治融入、文化融入、身份融入、社会融入为重点进行深入系统的研究探索,以期使新生代农民工融入城市问题最终得到解决。

该著作为国家社会科学基金项目成果(项目编号 2010BJY035)。由于该著作研究内容广泛,涉及政治、经济、文化、社会等相关领域,尤为重要的是中国特色社会主义已经进入新时代,因此,尽管笔者进行不懈努力,但因认识水平和能力的局限,尚有一些不足之处,欢迎广大读者批评指正。

目　　录

第一章　国内外相关理论与实践 …………………………………（1）
  第一节　新生代农民工基本问题 ……………………………（2）
    一　新生代农民工相关概念界定 ……………………………（2）
    二　新生代农民工的构成 ……………………………………（12）
  第二节　国内相关理论与实践 ………………………………（14）
    一　国内相关理论 ……………………………………………（14）
    二　国内相关实践 ……………………………………………（22）
    三　经验总结 …………………………………………………（27）
  第三节　国外相关理论与实践 ………………………………（28）
    一　国外相关理论 ……………………………………………（28）
    二　国外相关实践 ……………………………………………（30）
    三　启示与借鉴 ………………………………………………（37）
  第四节　新生代农民工融入城市的历程、价值分析与原则……（42）
    一　新生代农民工融入城市的历程 …………………………（42）
    二　新生代农民工融入城市的价值分析 ……………………（45）
    三　新生代农民工融入城市的原则 …………………………（47）

第二章　新生代农民工融入城市状况及显著特征 ……………（52）
  第一节　新生代农民工融入城市状况 ………………………（52）
    一　新生代农民工基本情况 …………………………………（52）
    二　两代农民工差异比较 ……………………………………（55）
  第二节　新生代农民工的显著特征 …………………………（58）

  一　新生代农民工显著特征的学术争鸣 ………………（58）
  二　新生代农民工显著特征的具体表现 ………………（59）

第三章　新生代农民工的经济融入 ………………（65）
第一节　新生代农民工的劳动就业 ………………（65）
  一　新生代农民工劳动就业现状 ………………（65）
  二　新生代农民工劳动就业存在的主要问题 ……………（69）
  三　新生代农民工劳动就业存在问题的深层次原因 ………（73）
  四　解决新生代农民工劳动就业问题的对策 ……………（77）
第二节　新生代农民工的劳动报酬 ………………（80）
  一　新生代农民工劳动报酬现状 ………………（80）
  二　新生代农民工劳动报酬存在问题的原因 ……………（83）
  三　新生代农民工劳动报酬权益法律制度的完善 ………（87）

第四章　新生代农民工的民生融入 ………………（89）
第一节　新生代农民工随迁子女教育 ………………（89）
  一　新生代农民工随迁子女教育面临的主要问题 ………（90）
  二　新生代农民工随迁子女教育存在问题的原因 ………（95）
  三　解决新生代农民工随迁子女教育问题的对策 ………（98）
第二节　新生代农民工的社会保障 ………………（100）
  一　新生代农民工社会保障状况 ………………（100）
  二　新生代农民工社会保障面临的主要问题 ……………（101）
  三　新生代农民工社会保障存在问题的深层次原因 ………（107）
  四　新生代农民工社会保障制度完善的对策 ……………（108）
第三节　新生代农民工的住房问题 ………………（110）
  一　新生代农民工的住房状况 ………………（110）
  二　新生代农民工住房面临的主要问题 ………………（112）
  三　新生代农民工住房存在问题的原因 ………………（114）
  四　解决新生代农民工住房问题的对策 ………………（116）
第四节　新生代农民工的职业教育 ………………（117）

一　新生代农民工的职业素质状况……………………（118）
　　二　新生代农民工职业教育培训面临的问题…………（119）
　　三　完善新生代农民工职业教育培训的对策…………（125）

第五章　新生代农民工的政治融入……………………（132）
　第一节　新生代农民工政治融入状况及问题……………（133）
　　一　新生代农民工政治融入状况…………………………（133）
　　二　新生代农民工政治融入存在的问题…………………（133）
　第二节　新生代农民工政治融入存在问题的原因及对策……（136）
　　一　新生代农民工政治融入存在问题的原因……………（136）
　　二　新生代农民工政治融入的对策………………………（139）

第六章　新生代农民工的文化融入……………………（142）
　第一节　新生代农民工文化融入状况及问题……………（142）
　　一　新生代农民工文化融入状况…………………………（142）
　　二　新生代农民工文化融入存在的问题…………………（143）
　第二节　新生代农民工文化融入对策……………………（145）
　　一　新生代农民工文化融入对策概要……………………（145）
　　二　新生代农民工文化融入具体对策……………………（145）

第七章　新生代农民工的身份融入……………………（148）
　第一节　新生代农民工身份融入的制约因素及原因……（149）
　　一　新生代农民工身份融入的制约因素…………………（149）
　　二　制约新生代农民工身份融入的原因分析……………（152）
　第二节　新生代农民工身份融入的对策…………………（153）
　　一　新生代农民工的身份融入对策概要…………………（153）
　　二　新生代农民工身份融入的具体对策…………………（154）

第八章　新生代农民工的社会融入……………………（167）
　第一节　新生代农民工社会融入概述……………………（167）

一　新生代农民工社会融入必要性 …………………………（167）
　　二　新生代农民工社会融入状况 ……………………………（168）
第二节　新生代农民工社会融入途径 ……………………………（168）
　　一　新生代农民工社会融入途径概述 ………………………（168）
　　二　新生代农民工社会融入具体途径 ………………………（169）

第九章　新生代农民工的权益维护 …………………………………（171）
第一节　新生代农民工维权方式及状况 …………………………（172）
　　一　新生代农民工维权方式 …………………………………（172）
　　二　新生代农民工维权状况 …………………………………（174）
第二节　新生代农民工权益维护的有效途径 ……………………（184）
　　一　新生代农民工权益维护有效途径概述 …………………（184）
　　二　新生代农民工权益维护具体途径 ………………………（184）

参考文献 ………………………………………………………………（189）

后　　记 ………………………………………………………………（200）

第一章　国内外相关理论与实践

"三农"问题解决的好坏关系到改革发展的成败，关系到全面建成小康社会的进程。党的十八大以来，以习近平同志为核心的党中央高度重视"三农"问题，明确解决好"三农"问题始终是全党工作重中之重。2017年1月20日，在北京召开的国务院农民工工作领导小组第五次全体会议上中共中央政治局委员、国务院副总理马凯主持会议并讲话。他指出，要认真落实习近平总书记和李克强总理重要指示批示精神，坚持稳中求进工作总基调，牢固树立和贯彻落实新发展理念，以有序推进农民工市民化为目标，以新生代农民工为重点对象，扎实做好为农民工服务工作。近年来，农业转移人口市民化有了新突破。但新生代农民工市民化进程相对来说仍然比较滞后。"新生代农民工"的概念在2010年中央一号文件中提出后就引起了学界、政界及传媒领域的关注。几年来，国内学者对于新生代农民工从不同方面进行的深入研究探讨，国外学者对中国农民工问题进行的探讨和评价，对该问题的深入研究有重要借鉴作用。目前，研究新生代农民工这一特殊群体相关问题没有专门的理论基础与公认的研究方法，以往大多主要是从研究和阐述农民工及民工潮的起因、现状和社会经济影响的原因，从城乡二元体制、户籍制度及社会迁移等宏观层面进行研究。笔者认为，要彻底解决新生代农民工问题，必须以现实为基础，以社会主义新农村和新型城镇化建设为动力，以"新生代农民工"劳动权、生存权、健康权、物质保障权、受教育权等各种权利为视角，以乡村振兴为目标，着重从中观和微观层面进行专门研究，旨在建立一整套长效机制，最终实现经济与社会，城市与农村统筹协调发展，有效解决全面建成小康社会决胜阶段城乡发展不平衡不充分问题。

第一节　新生代农民工基本问题

针对新生代农民工的内涵，国内同类研究越来越多，并且存在诸多差异。为此，在研究新生代农民工融入城市问题时，首先需要研究探讨这一基本问题。

一　新生代农民工相关概念界定

（一）农民工

农民工是我国城市化进程中出现的独特的社会现象，这一概念最早是在1991年国务院发布的《全民所有制企业招用农民合同制工人的规定》中首次出现的。2004年3月5日，温家宝总理在《政府工作报告》中使用了"农民工"这个概念。2005年以后，以"农民工"为主题的研究趋于热烈，并产生了大量研究成果。党的十八大后，以习近平总书记为核心的党中央高度重视农民工问题的有效解决。习近平总书记和李克强总理多次对"农民工"作出重要指示和批示。在党的十九大报告中，习近平总书记明确提出，健全农村留守儿童和妇女、老年人关爱服务体系，确保他们基本生活得到照料、公共服务得到保障，实现"幼有所育""弱有所扶"。近年来，尽管农民工问题逐年得到解决，但在理论层面仍然需要对新生代农民工融入城市问题进行深入研究探讨。"农民工"的概念问题是研究农民工融入城市的最基本问题。但目前对于这一基本概念的确切含义还没有明确的法律界定和形成共识的学术界定。多数学者认为，农民工是指具有农村户口身份却在城镇务工的劳动者，并指出这一概念包括以下三层涵义：一是他们具有农村户口身份；二是他们主要时间是在从事非农生产活动；三是在城市务工，并且指出了他们的非农活动不仅限于工业领域，还包括商业、服务业等第三产业领域。有的学者认为，"农民工分为广义和狭义两种：广义的农民工包括两部分人，一部分是在本地乡镇企业就业的离土不离乡的农村劳动力；另一部分是外出进入城镇从事第二、第三产业的离土又离乡的农村劳动力。而狭义的农民工主要是指广义农民工的后一部分人。"① 还有相当一部分学者对农民工的称谓进行了探讨，有的呼吁将"农民工"改为"进城务工人员"。目前，尽管学界、政界对"农民工"的称谓有不同的看法，但称呼的变化无法改变其现有身份的性质。实际上，"农民工"就是指具有农村户籍身份却在城镇务工的劳动者。由此可见，上述多数学者也是在狭义上界定"农民工"概念的。

（二）新生代农民工

改革开放后，伴随着时代的发展，我国农民工不仅数量逐年增加（见表1-1），而且其群体内部也出现了代际交替，新生代农民工悄然登上城市的舞台，逐渐成为城市建设的主力军（徐祥运，2011）。据国家统计局统计，截至2017年末，全国农民工总量从2012年末的2亿6300万人增加到2017年末的2亿8650万人，其中新生代农民工占到了近五成。另据国家卫生计生委流动人口司2017年11月10日发布的《中国流动人口发展报告2017》显示，近年来，中国新生代流动人口的比重不断上升，2016年已达到64.7%，成为流动人口中的主力军。16—59岁的劳动年龄流动人口中，"80后"（出生于1980—1989年间）流动人口比重由2011年的不足50%升至2016年的56.5%；"90后"（出生于1990—1999年间）流动人口的比重由2013年的14.5%升至2016年的18.7%，呈现稳步增长的趋势。他们不仅数量众多，而且作用独特，贡献巨大。他们当时流入城市是我国经济高速发展的需要，是现代化、工业化、城镇化进程的需要。由于他们只有农民身份，没有务农经历，没有从事农业生产劳动的技能，更没有从事农业劳动的愿望，客观上已无法通过从事农业生产劳动获得收入并作为主要生活来源，已经不是实质意义上的"农民"。他们与农村渐行渐远，但与城市也若即若离，处于退不回农村又难以融入

---

① 《法律对农民工保护是如何的》，2017年8月20日，华律网（http://www.66law.cn）。

城市的两难境地。在城市，他们普遍面临着技能低、就业门路窄、工作强度高、居住状况差、劳动关系不稳定、生活空间狭小、精神文化生活匮乏等问题。

表1-1　　　　　　　　外出农民工近年来发展情况

年份	规模（万人）	年份	规模（万人）
1995	7500	2004	12000
2000	10100	2009	14677
2002	10200	2012	26300
2003	11000	2016	28171

资料来源：国家统计局数据。

（三）新生代农民工融入城市

近年来，尽管国内外对新生农民工融入城市问题关注的人较多，但对于何为新生代农民工融入城市？新生代农民工融入城市的首要问题如何？新生代农民工融入城市的实质是什么？其关键环节和途径如何？等问题尚未形成共识。尹保华在《社会工作与和谐社会建构——农民工社会排斥与社会融入的研究》中指出："所谓社会融入，指的是一种双向的理解、认可和接纳。其一，这里的双向性是指不只是要农民工群体去主动认识、接纳城市社会与城市社会的人，还强调城市社会的人也要认识、理解、接纳农民工群体……"[①] 笔者认为，这样概括有一定道理，但还是没有揭示出新生代农民工融入城市的根本性问题。其实，新生代农民工城市融入的根本问题是最终能够使他们实现市民化，是新生代农民工在身份、地位、权利、观念、素质以及生产、生活方式等各个方面向城市市民转化的过程。这一过程由三个环节构成：一是新生代农民工从农村退出环节。改革开放后，由于国家在农村实行家庭联产承包责任制度，较好地处理好农民工与家乡土地

---

① 尹保华：《社会工作与和谐社会建构——农民工社会排斥与社会融入的研究》，中国矿业大学出版社2005年版，第36页。

的关系，为农民工提供了基本生活保障。二是新生代农民工城市进入环节。在这个环节上，需要解决的主要问题包括户籍制度的变革、平等的就业制度的建立、新生代农民工人力资本、社会资本的投资与积累以及其他有关民生制度的构建。三是新生代农民工城市融入环节。这一环节重点是解决进一步推动经济融入、政治融入、社会融入、民生融入、文化融入及身份融入、心理融入等方面的问题，使新生代农民工真正融入城市社会。

其实，新生代农民工融入城市首要的问题是经济融入，这已被西方迁移理论所证实。在西方迁移理论中，经济因素被认为是影响人们迁移决策的重要因素。当前，在我国城镇化进程中，在经济高质量发展的新时代，经济问题是新生代农民工融入城市的关键，而新生代农民工经济问题中最突出的是他们在劳动中投入与收益的非均衡性问题。其具体表现为两方面：一是农民工劳动投入与劳动收益的非对等性；二是农民工创造的社会收益增长率与收益分享增速的非均衡性。二者表现为：工薪收入普遍偏低和工资收入增幅缓慢，已成为当今中国分配领域最突出的问题。[①] 据调查，中国制造业工人的工资成本，仅相当于美国、德国等发达国家的 1/10 甚至是 1/20。在制造业中，新生代农民工的工资水平比这个比例还要低，这与劳动价值规律不相符合，因为新生代农民工并没有获取与他们所付出劳动相符的合理收益。中国青少年研究中心早在 2006 年调查结果为："新生代农民工收入在 1501—2000 元之间的占 16.9%，1001—1500 元的占 21.6%，701—1000 元的占 26.6%，501—700 元的占 23.4%。其中能准时或基本准时拿到工资的占 75.3%，偶尔拖欠的占 17.4%，经常被拖欠的占 7.3%。"近年来在党和政府的高度重视下，新生代农民工的经济状况有所好转，国务院农民工工作领导小组也以"促进农民工就业创业""治欠保支"等为重点，为新生代农民工经济权益提供有力保障。然而，实事求是地说，新生代农民工在经济方面离融入城市还有

---

① 《新生代农民工融入城市的五大障碍》，2010 年 5 月 17 日，新浪网（http://www.sina.com.cn）。

距离。据国家统计局2018年4月27日公布的《2017年农民工监测调查报告》显示,"2017年,农民工月均收入3485元,比上年增加210元,增长6.4%,增速比上年回落0.2个百分点。另据统计数据显示,2013—2017年,我国农民工月均收入增速分别为14%、9.8%、7.2%、6.6%、0.2%,增速连续5年回落"[1],说明农民工月均收入增速趋缓。据有关课题组调查,目前在某二线城市新生代农民工的月平均收入集中于2501—4000元之间的为67.7%。其中,月均收入为2501—3000元,占38.8%;月均收入为3001—4000元,占19.3%。月均收入在2000元以下的新生代产业工人,占9.6%。月均收入在5000元以上的高收入新生代产业工人只占5.7%。众所周知,经济是一切基础,也是新生代农民工融入城市的基础。新生代农民工为中国社会进步和国民经济的发展作出了巨大贡献,我们不能靠牺牲新生代农民工的经济利益,来谋求社会财富的积累和企业利润的增长。这既不符合现代社会的公平原则,也不符合习近平新时代中国特色社会主义思想,更不利于新生代农民工融入城市。

新生代农民工融入城市的实质是在经济融入的前提下"权利"的全方位融入。首先,从身份方面看,新生代农民工是"公民",是公民就应该享有公民权。《中华人民共和国宪法》第33条明确规定:"凡具有中华人民共和国国籍的人都是中华人民共和国公民。中华人民共和国公民在法律面前一律平等。国家尊重和保障人权。任何公民享有宪法和法律规定的权利,同时必须履行宪法和法律规定的义务。"[2] 此外宪法还规定我国公民基本权利的内容有:平等权、选举权和被选举权、基本政治自由权、人身自由权、人格尊严权、住宅权、劳动权、获得救济的权利、受教育权利、获得物质帮助的权利等等。可见,公民享有的权利是多种多样的,有政治权利、经济权利、社会权利和文化权利等。新生代农民工和城里人一样都是"公民",

---

[1] 国家统计局:《2017年农民工监测调查报告》,2018年4月27日,中国经济网(http://www.ce.cn)。

[2] 《中华人民共和国宪法》(全文),2013年3月22日,百度网(https://baike.so.com)。

因此，理所应当享有上述这些权利。其次，从新生代农民工存在的突出问题的性质看，其实质属于公民权利的范畴。几年前，中华全国总工会新生代农民工问题课题组发布的《关于新生代农民工问题的研究报告》指出："新生代农民工面临的六大问题是：工资收入水平较低、务工地房价居高不下，是阻碍其在务工地城市长期稳定就业、生活的最大障碍；受教育程度和职业技能水平滞后于城市劳动力市场的需求，是阻碍其在城市长期稳定就业的关键性问题；受户籍制度制约，以随迁子女教育和社会保障为主的基本公共需求难以满足，是影响其在城市长期稳定就业和生活的现实性、紧迫性问题；职业选择迷茫、职业规划欠缺、学习培训的需求难以有效实现，是阻碍其实现职业梦想不可忽视的因素；对精神、情感的强烈需求不能很好地满足，是困扰他们的首要心理问题；劳动合同签订率低、欠薪时有发生、工伤事故和职业病发生率高等劳动权益受损问题，是亟须解决的突出问题。"[1] 党的十九大召开后，我国已经进入中国特色社会主义新时代。新时代面临新矛盾、新问题，可几年前新生代农民工就面临的问题如今有的仍然没有解决，有的还更加突出。如，新生代农民工工资收入水平较低、务工地房价居高不下问题；受教育程度和职业技能水平滞后于城市劳动力市场的需求问题；劳动合同签订率低、欠薪工伤事故时有发生等问题仍不同程度的存在。上述这些问题涉及公民的迁徙权、劳动就业权、教育培训权、社会保障权，都属于法律规定的公民权利的范畴，而解决这些问题，就是对新生代农民工公民权利的有效保障。因此，从一定意义上说，新生代农民工融入城市的状态如何，就是要看其权益保障程度如何。正如国务院发展研究中心原副主任韩俊在 2012 年 3 月 25 日上海召开的"2012 中国城镇化高层国际论坛"所言："大量的外来流动人口（农民工）脱离了农村社区，但是没有融入城市社会，权益还得不到切实保障，与城市户籍人口间的福利差距还比较大……"因此，从这个意义上我们可以说，农民工权益得到

---

[1] 中华全国总工会新生代农民工问题课题组：《关于新生代农民工问题的研究报告》，《工人日报》2010 年 6 月 21 日第 1 版。

了切实保障之日,就是我国现代化实现之时。当然,新生代农民工各种权益的实现,也离不开经济发展等其他外部因素。再次,从新生代农民工对城市发展的作用看,他们对城市建设和发展做出了巨大贡献,应与城市居民享有同等的权利。按照法律规定,权利与义务具有一致性,享有权利就应尽一定的义务,而尽了一定的义务就应享有相应的权利。新生代农民工为城市建设作出了巨大贡献,理应与城里人一样同等地享有法律规定的各方面权利,这才符合社会主义公平正义的原则。但目前的情况是新生代农民工所受到的经济上、政治上的待遇,与有城市户口的工人相比仍然是"二等工人"。他们仍然与自来具有城市身份的工人存在着"同工不同酬,同工不同权,同命不同价"等问题。例如,《最高人民法院关于审理人身损害赔偿案件适用法律若干问题的解释》第29条规定:"死亡赔偿金按照受诉法院所在地上一年度城镇居民人均可支配收入或者农村居民人均纯收入标准,按20年计算。……"① 按照这一标准,尽管同在一起事故中身亡,但得到的死亡赔偿金数额却相差悬殊。因为城镇居民人均可支配收入与农村居民人均纯收入是不同的。国家统计局2018年2月28日发布的《中华人民共和国2017年国民经济和社会发展统计公报》显示,2017年城镇居民人均可支配收入36396元,比上年增长8.3%,扣除价格因素,实际增长6.5%;农村居民人均可支配收入13432元,增长8.6%,扣除价格因素,实际增长7.3%;城乡居民人均收入倍差2.71。而根据国家统计局《2015年国民经济和社会发展统计公报》公布的数据,2015年度全国城镇居民人均可支配收入31195元,比上年增长8.2%,扣除价格因素实际增长6.6%;2015年度农村居民人均可支配收入11422元,比上年增长8.9%,扣除价格因素实际增长7.5%,2015年度城镇居民可支配收入与农村居民可支配收入倍差为2.73,比上年缩小0.02。由此可见,从时间方面看,截至目前,城镇居民可支配收入与农村居民可支配收入还是有差距的,只不过是

---

① 《最高人民法院关于审理人身损害赔偿案件适用法律若干问题的解释》,2015年5月21日,华律网(http://www.66law.cn)。

在逐年缩小而已。但从不同群体方面看,按照2016年的标准,即使同在一起事故中身亡,但由于身份的不同,得到的死亡赔偿金数额却相差悬殊。因为城镇居民人均可支配收入与农村居民人均纯收入是不同的。如果身为一名农村居民,在人身损害赔偿案件发生后,其所得的死亡赔偿金数额与城镇居民相比就少得42万5060元,比2011年的29万6660元少得还多。这种"三同、三不同"的情况在经济方面不符合社会主义市场经济体制的要求。社会主义市场经济体制要求不仅商品流通要市场化,而且劳动力、资金、技术等生产要素也要市场化。企业实行"三不同"的用工制度,使劳动力这一最主要的生产要素不能按市场经济要求合理配置;在法律方面直接侵害了新生代农民工的合法权益,违背了权利义务相统一原则。从上述方面可以看出:新生代农民工融入城市是"权利"的全方位融入,是由一系列"权利链"组成的。在城市,他们应该具有与城市居民一样定居与生存的权利,这属于身份融入;为了生存与幸福,他们有劳动工作的权利,劳动付出后有获取报酬,并有支配使用报酬以换取幸福的权利,在工作中,他们有休息权利,这属于经济融入;在工作中受伤有索取赔偿的权利,而在失去劳动能力时,有要求社会救助的权利,这属于民生融入,以此类推。从目前情况来看,新生代农民工的问题主要不是表现为饥寒交迫,也不是工作积极性不足,而是他们在城市缺少安身立命的权利、机会和能力,他们在就业、迁徙、居住等方面仍然还受到不同程度的限制和排斥。因此,解决新生代农民工融入城市的问题,实质上就是解决他们与生俱来所享有的这一系列权利应如何得到保障和实现的问题。

当今社会,具有农民身份的人为了生存和发展进城务工成为农民工,随后他们将由农民工转变城市市民,这不仅是理论界关于新生代农民工融入城市两步走理论的观点,也是我国工业化、城镇化发展的必然要求。改革开放之初,我国新生代农民工融入城市的确举步维艰。如,许多市民往往将城市社会治安的恶化简单归结为大量农民工的涌入,对新生代农民工融入城市在心理上不接纳;有的地区为了提高本地居民的就业率,竟对农民工普遍实行总量控制,或者实行"先城后乡"的区别对待，或设置种种职业、工种的限制；有些城市政府下发红头文件，要求一些部门清退农民工，为本地下岗失业人员腾出位置，搞所谓的"腾笼换鸟"把戏，最终导致农民工在城里难以找到理想的工作，不得不滞留在城里，有的甚至不得不以乞讨为生[①]；有的表面上看似农民工与城市市民享有平等待遇，但实际上他们仍然被排除政策法律之外。早在2004年6月6日《南方日报》在题为《山东农民工，可考公务员》中报道："今年起，按规定履行了合法就业手续的农民合同工将被视为在职人员，也就是户口还在农村，但已和用人单位签订了合法劳动合同的农民，将不再受户籍性质的限制，不仅有了考试资格，还能报考山东省内各级机关。"此报道表面看来似乎报考当地公务员不再受户籍性质的限制，但是"已和用人单位签订了合法劳动合同"的条件，实际上就是一种歧视。因为按照这一条件不管你是哪所名牌大学的毕业生，如果没被用人单位正式聘用，就没有资格报考公务员。这实质上是违反了法律面前人人平等原则。笔者认为，之所以出现上述种种情况，就是缘于当时政府及城市社会主流群体对新生代农民工融入城市的"正当性"缺乏认识，没有树立起公平正义的社会主义市场经济的法治理念，致使现实生活中新生代农民工合法权益受侵犯的现象时有发生。如今，在以习近平为核心的党中央的高度重视下，在国务院农民工领导小组督促下，新生代农民工合法权益保障问题正在逐步得到解决。

当前，新生代农民工融入城市的重点群体是女性农民工。据国家统计局《2017年农民工监测调查报告》显示，在全部农民工中，男性占65.6%，女性占34.4%。其中，外出农民工中男性占68.7%，女性占31.3%；本地农民工中男性占62.6%，女性占37.4%。农民工中女性占比比上年提高0.2个百分点，女性农民工占比继续提高。数据显示，新生代农民工男性多于女性，可其融入度上女性低于男性。2017年5月，《工人日报》刊发《新生代女农民工城市适应性及

[①] 陈燕萍、崔志刚：《罗尔斯的正义原则对中国"农民工"弱势群体启示》，《法制与社会》2007年第8期。

提升对策》一文，根据报道，北京团市委开展了一项"北京市非京籍务工人员发展状况"调研，该市17个区（县）抽取的56个街道，共产生有效样本7268份，其中男性农民工样本3580份，女性农民工样本3593份。结果显示："新生代女农民工城市生活融入度不高，应提升其城市适应性。"①

对"新生代农民工融入城市涵义"相关研究梳理后，笔者认为，新生代农民工融入城市应如此界定，即是指在城市化进程中，新生代农民工在政策法律及相应机制的保障下，获得与城市居民相同的身份权、劳动就业权、社会保障权、政治权、受教育权、精神文化权、救济权等基本权利，实现其思想价值观念、生活方式等方面的城市化过程。我们可以将这一问题表述为："4、3、10、1"，即4层涵义，3个条件，10个问题，1个目的。4层涵义：一是新生代农民工融入城市是一个发展过程，不是一蹴而就能完成的；二是新生代农民工融入城市是一系列权利的实现，不是简单地获得城市户口，或者是获得与城里人同样的社会保障；三是新生代农民工融入城市需要国家政府采取行之有效的措施，不是单方能够实现的，是国家、个人与社会三方力量的合力；四是新生代农民工融入城市是以城市（城镇）为目的地和归宿地的。3个条件：国家推进城镇化进程、体制和机制的保障。10个问题：劳动就业问题、劳动报酬问题、社会保障问题、政治参与问题、住房问题、教育培训问题、随迁子女教育问题、精神文化生活问题、身份转换问题、权益救济问题。1个目的：符合社会主义市场经济规律和经济发展规律要求，使新生代农民工身份、地域、职业、权利全方位的融入。

笔者认为，对这一问题进行如此表述，既符合党中央关于解决新生代农民工问题的精神实质，符合社会主义市场经济规律的客观要求，又体现了"以人民为中心"的新时代发展理念，而且囊括了新生代农民工融入城市的实质，体现了市场主体地位平等的法治理念和权利义务相统一法治思想。

---

① 《新生代女农民工城市适应性及提升对策》，《工人日报》2017年5月11日。

二 新生代农民工的构成

（一）新生代农民工的界定

究竟哪些人是新生代农民工，这一问题迄今为止并没有统一的界定。有的学者认为，"新生代农民工"之所以称之为"新生代"，就是因为他们"新"在年轻，"新"在没有务农经历，"新"在对城市生活更强的憧憬和向往，"新"在更少的家庭负担（赵宝成，2010）。在学界，早在2001年，中国社会科学院王春光研究员就关注"新生代农村流动人口"问题，开启了这一研究的先河。目前学界对于新生代农民工的定义意见纷呈的原因主要就集中在其构成上。但对于这一问题无论学界还是政界主要是从代际角度区分的。如中华全国总工会新生代农民工问题课题组将新生代农民工界定为"出生于20世纪80年代之后、年龄在16周岁以上的新一代农民工。从地域上讲，新生代农民工常年生活、工作在城市，是市民；从法定身份上讲，新生代农民工不具有市民身份，仍然是农村户籍"。根据国家统计局2015年在10个省进行的新生代农民工专项调查显示："在农村从业劳动力中，16—29岁、30—39岁、40—49岁和50岁以上的比例分别为26.4%、19%、25.3%和29.3%；而在外出农民工中，16—29岁、30—39岁、40—49岁和50岁以上的比例分别为58.4%、23.8%、13.1%和4.7%。"[①] 也就是说，1980年之后出生的农村从业劳动力占全部农村从业劳动力的26.4%，但是1980年之后出生的外出农民工已经占全部外出农民工的58.4%。

（二）新生代农民工界定的学术争鸣

关于新生代农民工的界定问题，同类研究越来越多，但存在诸多差异的表现，具体体现在以下方面：

1. 关于该群体具体年龄的不同认识。有学者仅给出上限，指出该群体年龄"在25岁以下"（王春光，2010）。多数学者指出新生代

[①] 中华全国总工会新生代农民工问题课题组：《关于新生代农民工问题的研究报告》，《工人日报》2010年6月21日第1版。

农民工是 20 世纪 80 年代以后出生,其具体年龄区间有的认为是"16—25 岁之间"(吴红宇、谢国强,2006);有的认为是"18—30 岁之间"(钱正武,2006);有的认为是"30 岁以下 16 岁以上"(唐有才,2009);或者"16—29 岁之间"(严翅君、警惕,2010)。根据我国社会变迁的实际情况,笔者认为,该群体的年龄界定为 16—32 岁为宜。因为按照我国法律规定,年满 16 岁,不满 18 岁,能以自己的劳动收入为主要生活来源的可视为完全行为能力的人。为此,年满 16 岁即达到法定劳动年龄;而上线为 32 岁正是在 20 世纪 80 年代以后出生的人,这与多数学者界定相同。但到目前为止,关于该群体的"代际"认定争议也较大。王春光研究员认为,新生代是一个介于第一代、第二代农村流动人口之间的过渡代(罗霞、王春光,2003);另有学者指出,新生代主要是 20 世纪 70 年代以后出生的。这两种界定,其实都包括了 20 世纪 70 年代出生的农村人口。也有学者认为,新生代既包括"80 后",也包括"90 后"。

2. 对于新生代农民工群体的具体构成认识不同,即对群体成员的来源认识不同。一种观点认为,新生代农民工是指从小在农村长大,到 20 世纪 90 年代中后期长大成人后才进入城市;另一种观点则认为,新生代农民工是指随第一代进城打工的父母从小来到城市或在城市出生(此种观点也有人将其界定为第二代农民工)。第三种观点则认为,以上两种类型群体都属于新生代农民工。[①] 2010 年 2 月 1 日,中央一号文件发布之后中央农村工作领导小组办公室副主任唐仁健在国新办发布会上对新生代农民工给予界定,即新生代农民工主要是指"80 后"、"90 后"的农民工。本课题组赞成第三种观点,认为新生代农民工应由两部分构成,一部分是自幼随父母打工在城里或出生在城里;另一部分是初中、高中毕业后进城打工。因为他们无论是从小在农村长大,还是从小来到城市或在城市出生,目前都具有相同的身份,处在相同的困境。

[①] 徐祥运:《新生代农民工城市融入的现状、困境与对策》,《青岛科技大学学报》2011 年第 4 期。

第二节 国内相关理论与实践

一 国内相关理论

（一）研究动态

自 2010 年中央一号文件发表后，"新生代农民工融入城市"问题引起国内学者的广泛关注。2017 年 11 月 10 日，笔者就该问题在学界的研究热度进行了调查。其结果为，截至 2017 年 11 月，以"新生代农民工融入城市"为检索主题的相关研究文章在中国期刊全文数据库里可查阅到 209 篇，其中 2016—2017 年专门研究新生代农民工城市融入的就多达 27 篇；在国家图书馆网站上检索到的以"新生代农民工融入"为检索主题的研究论著有 7 部。由此足见，"新生代农民工融入城市"的相关问题的研究热度在国内学界仍在日渐升温。从已有的研究成果看，国内学者对于新生代农民工问题大体从以下 5 方面进行了研究探讨：

1. 对新生代农民工的生存权和身份认同方面的研究。认为保障农民工进城就业安居是统筹城乡发展最核心的内容。农民工在创造大量国民财富的同时，其生存境况却令人堪忧（于扬，2005、李忠云，2007）。有的学者以国家人口计生委发布的 2009 年《流动人口监测报告》和 2010 年据深圳市总工会发布的《新生代农民工生存状况调查报告》为依据，与城里人相对比得出当前新生代农民工恶劣生存状况（李步云、谢建社，2010）。在身份认同方面，彭远春（2007）认为新生代农民工的自我认同和社会认同并不协调。主观上，他们希望融入城市；但是客观上，现实让他们难于在城市扎根，这使得他们处于尴尬的局面；许传新（2008）指出，新生代农民工较少地认为自己是农民，但是近 1/3 新生代农民工不能分辨自身到底是农民还是市民。但是他们希望留在城市生活的意愿十分强烈。文晓波（2014）认为，户籍制度将城乡居民划分为不同的群体，即使新生代农民工与城市居民岗位相同，却面临着社会保障等一系列待遇的不同，城市户籍的排斥，已经使得城乡居民在住房、教育、医疗、就业等方面产生差异，致使其生存状况欠佳。

2. 对新生代农民工的外出动因及外出的影响因素进行的分析。董振国（2009）认为，新生代农民工外出务工的动因主要是，"刚毕业，出来锻炼自己""想到外面玩玩""学一门技术""在家乡没意思""羡慕城市生活""外出能够享受现代生活"等①，因这种因素而外出的共占新生代农民工总数的71.4%。程士华、郭奔胜、王恒志（2009）认为，与老一代民工相比，新生代农民工外出务工的动机不再停留在经济层面上，见世面、开眼界，已经成为很多新生代农民工外出的主要动因。李贵成（2015）认为，处于30岁以下的新生代农民工59.9%尚未结婚，务工前他们的生活经历更简单，74.1%外出务工前在学校读书，42.3%的新生代农民工外出务工动机是为了寻找发展机会。

3. 对农民工代际差异进行比较分析。认为新生代农民工与上一代农民工相比，农业和农村的特征减少，城市的特征明显增强，已经由一个传统意义上的农民转型成为逐渐脱离土地和农业，独立于城市之中的新的阶层和利益团体。彭茂清（2011）认为，两代农民工在群体特征上存在明显的差异，这种差异的存在会对教育培训的作用产生影响，较之第一代农民工，新生代农民工在年龄和已有的受教育基础上对于再教育和再培训更具有优势，更具可塑性。王丽霞（2010）认为，第二代农民工出生于1980年以后，是伴随着改革开放成长的一代，受社会环境、受教育程度等因素的影响，他们进城务工的目的和第一代农民工明显不同，在人生观和价值追求方面出现了新的变化。

4. 从制度创新层面对新生代农民工问题进行研究。认为推进城镇化的发展，需要执政观念的转变，需要通过土地制度的改革、户籍制度的改革以及城镇化筹资机制的建设等一系列制度创新来实现。如辜胜阻（2010）认为，当前推进城镇化的发展，关键就是要让农民从农村"走得出去"，在城市"安得下来"。"户籍制度改革要根据我

---

① 汪金敖：《城乡一体化背景下新生代农民工问题及市民化路径研究》，（湘湘三农论坛2010·长沙）。

国城镇化发展的实际需要以及未来进一步发展的方向进行。对不同类型城市的户籍分类放开，对大城市、中等城市、小城市、县城应实行不同的政策。"① 于建嵘（2010）认为，解决"新生代农民工"问题需要制度建设。制度的改变首先需要执政观念的转变。蔡昉（2011）认为，通过基本社会保障均等化和劳动力市场制度建设，为农民工就业和居住提供更加稳定的保障与保护，并可在此基础上逐步把制度建设推进到更大范围的公共服务领域，实现真正意义上的城市化以及城市化与非农化的同步。孙国峰（2014）认为，新生代农民工在劳动合同签订、劳动保障的购买方面存在不规范既有自身的原因，也有制度本身的问题。"农民工工资"现已成为 2017 年中国农业 20 个关键词之一。农民工工资拖欠问题一直是社会普遍关注的问题，人社部下发通知，要求到 2019 年年底实现"月薪制"全覆盖，并将这一措施作为根治农民工欠薪问题的重要手段。由此可见，这是从制度层面有效解决农民工工资问题的有效举措。

5. 对新生代农民工问题解决不利后果方面进行了研究。认为数以亿计的"新生代农民工"在城市陷入生活困境时，必然成为影响社会稳定和谐的隐患。张国栋（2011）认为，新生代农民工已经成为农民工的主体，这个漂移在城市与乡村的社会弱势群体包含了更加复杂的成分，具有一些不同于传统农民工的新特征、新诉求和新问题，这些诉求和问题的积累已经开始显露出对我国政治社会稳定、经济可持续发展、农民工家庭及其个人发展的负面影响。孙瑞灼（2010）认为，新生代农民工当他们在城市陷入生活困境时，对城市的冲击将是巨大的，必然成为影响社会稳定与和谐的隐患。贫困地区和贫困人口是全面建成小康社会最大的短板。2016 年是打赢脱贫攻坚战的首战之年，这一年我国减少贫困人口 1240 万人②，超额完成年度减贫 1000 万人的目标，脱贫攻坚首战告捷。在 2017 年新年贺词

---

① 辜胜阻：《转变经济发展方式要抓住牛鼻子》，2010 年 3 月 5 日，人民网（http://www.people.com.cn/）。

② 李慧、刘坤：《小康路上一个都不能掉队》，2017 年 3 月 8 日，光明网（http://news.gmw.cn/）。

中，习近平总书记明确提出,"小康路上一个都不能少"！可见，如果当前不把新生代农民工问题解决好，这一群体势必会影响2020年全面建成小康社会目标的实现。

(二) 新生代农民工问题研究的基本视域

在学界，产生新生代农民工问题的原因众说纷纭，尚未形成共识，有的是从经济学角度进行研究，认为新生代农民工问题是在我国社会经济从二元结构向一元结构转变过程中，政治、经济、社会体制等多种因素相互作用的产物，它不仅是个农民问题，而且是一个全局问题。解决新生代农民工问题事关改革发展稳定的大局，需要在政府主导下社会各方面的共同参与，研究制定正确的经济社会政策，构建强有力经济政策支持体系[①]；有的从社会学角度进行研究，认为新生代农民工问题是一个全局性的社会问题，是社会变迁的结果。笔者认为以哲学视域、以新生代农民工劳动权、生存权、健康权、物质保障权、受教育权等各种权利为视角进行研究具有可行性。由于本著作核心内容就是以新生代农民工各种权益保障为主线，即通篇贯穿法律赋予的新生代农民工各种权利如何实现问题。因此，此部分着重介绍的只是哲学视域下的新生代农民工问题。

1. 哲学视域下新生代农民工问题产生的原因

(1) 新生代农民工问题是"运行性社会矛盾"发展的产物

所谓"运行性社会矛盾"是指经济社会运行中而产生的矛盾。从新生代农民工称谓上看，他们既不是农民，也不是市民，而是二者的"混合体"。这一群体的出现本身就是矛盾发展的结果。首先，新生代农民工是农村改革和农业发展与农村劳动力过剩相矛盾的产物。我国是农业大国，原有农业人口占绝大多数。改革开放以来，农村经济快速发展，尤其是家庭联产承包责任制的推行，使农民获得了对自身劳动力的支配权。随着劳动生产率的不断提高，农村产生了大量过剩劳动力。为了提高生活质量，他们不得不背井离乡，弃农从工成了

---

① 甘茂坤：《新生代农民工政治经济学分析》，硕士学位论文，江西财经大学，2010年，第7页。

"农民工"。其次，新生代农民工是开放的市场经济与落后的城乡二元结构相矛盾的产物。市场经济体制使劳动力（包括新生代农民工）这一特殊商品自由流动成为可能。然而，原有的城市管理制度并没对其流动后的"身份"予以确认。城乡二元结构在吸引新生代农民工流入城市后，又成为他们受到差别对待的根源。再次，城市发展导致既需要又排斥新生代农民工的矛盾产生。众所周知，城市的建设发展、城里人的生活与新生代农民工辛勤劳动密不可分。但由于目前我国生产力水平不高，经济底子薄，社会主义尚处于初级阶段，社会财富还不足以满足一切人的需要。尤其是在城市化企业改革产生的大量下岗职工已成为城市发展的主要矛盾的情况下，地方政府不得不把农民工问题放在次要方面。由于这一矛盾长期运动，新生代农民工被排斥在城市体制之外，成为城市"边缘一族"。

（2）新生代农民工问题是社会基本矛盾发展的产物

社会基本矛盾是指生产力与生产关系、上层建筑与经济基础之间的矛盾。新生代农民工问题的出现，是这两对矛盾发展的结果。首先，新生代农民工问题是生产力与生产关系不适应的产物。历史唯物主义认为，生产力与生产关系之间的矛盾运动，是推动人类社会发展的根本原因。其中，生产力决定生产关系，生产关系对生产力具有反作用。新生代农民工是生产力中较为活跃的因素，总数为约1.5亿人，占城镇就业人员的32.7%。可见，当代中国的产业大军主要是新生代农民工。按照哲学原理，生产力中的劳动者发生了变化，生产关系中的三要素，尤其是人们在生产中的地位及其相互关系，产品的分配方式等必须与此发生相应的变化。但目前生产关系不适应生产力的发展，新生代农民工权益保障在生产、分配、交换、消费四个环节中均存在种种问题。在生产领域，新生代农民工劳动就业已面临着严重挑战。由于新生代农民工社会关系和社会资本较为薄弱，劳动就业歧视使他们成为城市社会的弱势群体。在分配领域，新生代农民工劳动报酬权依然被严重侵犯。根据国家统计局抽样调查结果，2015年被拖欠工资的农民工比重与以往年度相比有所提高。被拖欠工资的农民工所占比重为1%（2011年为0.8%），比上年提高0.2个百分点。① 分地区看，在东部地区务工的农民工被拖欠工资的比重为0.8%，比上年提高0.3个百分点。2016年，被拖欠工资的农民工人均拖欠11433元，比上年增加1645元，增长16.8%。从农民工比较集中的几个行业看，2016年制造业、建筑业、批发和零售业、交通运输、仓储和邮政业被拖欠工资的农民工比重分别为0.6%、1.8%、0.2%和0.4%，分别比上年下降0.2、0.2、0.1和0.3个百分点。居民服务、修理和其他服务业被拖欠工资的农民工比重有所上升，2016年为0.6%，较上年上升0.3个百分点。在交换领域，农民工与雇主或单位签订劳动合同的比重有所下降。2016年与雇主或单位签订了劳动合同的农民工比重为35.1%，比上年下降1.1个百分点。其中，外出农民工与雇主或单位签订劳动合同的比重为38.2%，比上年下降1.5个百分点；本地农民工与雇主或单位签订劳动合同的比重为31.4%，比上年下降0.3个百分点。② 而农民工与雇主没有签订劳动合同，不是自身法律意识不强，多数情况下是雇主没有签订合同的意愿。在消费领域，新生代农民工月生活消费支出占全部收入的60.4%。按此数据，维持新生代农民工劳动力再生产的衣、食、行等不足其消费总额的40%。可见，满足劳动力再生产的应由国家提供的住房、教育、医疗等公共消费资料，至今多数还是基本由这一劳动群体自身承担，以至于出现新生代农民工劳动力使用与再生产难以统一的局面。其次，新生代农民工问题是经济基础与上层建筑不适应的产物。马克思主义哲学认为，经济基础和上层建筑是辩证统一的。其中，经济基础决定上层建筑，上层建筑反映经济基础，对经济基础具有反作用。目前，随着城镇化进程的加快，大批新生代农民工涌入城市，但我国现有的城市体制机制与其并不协调，上层建筑尚未提供合理的流动措施，从而激化了社会现有体制与农民工的社会贡献不相符的矛盾。如为保障新生代农民工在内的劳动者就业，我

---

① 国家统计局：《2015年农民工监测调查报告》，2016年4月28日，国家统计局网站（http://www.stats.gov.cn/）。
② 国家统计局：《2016年农民工监测调查报告》，2017年4月28日，国家统计局网站（http://www.stats.gov.cn/）。

国先后出台了《劳动法》《劳动合同法》《就业促进法》等一系列法律法规。客观审视现行劳动法律制度，不难发现其中的不完善。如2008年我国实施的《就业促进法》规定："农村劳动者进城就业享有与城镇劳动者平等的劳动权利，不得对农村劳动者进城就业设置歧视性限制。""实施就业歧视的，劳动者可以向人民法院提起诉讼。"从立法技术看，由于该法律规范没有法律后果的规定，致使新生代农民工劳动就业权利受到侵犯而得不到有效救济。在现实劳动领域中，有的尽管容纳了新生代农民工在城市就业，但是其就业岗位的性质基本是劳动强度大，劳动时间长，收入低，环境差等低等级的职位。而现行法律尚未对此进行有效调整，2004年国务院制定的《劳动保障监察条例》也没有将就业歧视规定在劳动保障监察事项之中。再次，新生代农民工问题是人的发展与社会发展相分离的产物。马克思关于人的全面发展理论在马克思主义理论体系中占有核心的地位。人的全面发展既包括人的本质力量、潜能的发展，也包括社会关系和人的需要的发展。历史经验表明：人的全面发展与社会的发展是同一历史过程。近年来，为坚持发展马克思主义，促进人的全面发展，党中央、国务院在着手构建社会主义和谐社会，坚持"以人为本"的科学发展观的同时，尤其注重解决新生代农民工问题。但由于体制机制等各方面因素，致使这一弱势群体至今尚未得到全面发展。以受教育情况为例，新生代农民工受教育程度远远低于城市同龄人。尽管新生代农民工与大多是文盲半文盲的老一代农民工相比，他们的文化程度有所提高，但与城市同龄人相比差距还很大。目前在我国，受过高等教育的人主要还是城镇居民。由于新生代农民工多数接受的只是初等教育，较低的文化水平制约着他们全面自由发展，致使他们不情愿地工作在又脏、又苦、又累，科技含量不高的劳动岗位。又因如前所述原因，城市企业改革产生的大量下岗职工又把新生代农民工问题排挤到次要方面，从而更加限制了新生代农民工全面、自由的发展。

2. 哲学视域下新生代农民工问题的解决思路

（1）透过现象看本质

目前，新生代农民工为城市发展做出的重要贡献已经得到社会各界的普遍认同，但他们各种权益并没有随着时代前进、社会发展得到有效保障。超时工作、工资被拖欠、没有劳动合同的农民工人员数量仍较多。我们应该善于透过新生代农民工面临种种困境的现象，挖掘其本质，应该充分认识到他们所受到的不公平、不平等待遇的根本原因是由于传统的城乡二元社会结构和制度障碍。

（2）正确处理内因与外因的关系

众所周知，内因是事物发展变化的根本原因。解决新生代农民工问题的发展，既包括其外部性的经济发展，也包括新生代农民工自身的全面发展。从经济发展方面看，新生代农民工问题的解决离不开城市经济的发展与繁荣。城市经济的发展既能为流入城市的新生代农民工提供更多的就业岗位，使他们能够通过劳动获得基本生活来源；同时也能为新生代农民工问题的彻底解决奠定雄厚的物质基础。从社会发展方面看，新生代农民工作为城市建设的主力军，他们的全面发展应被视为国家社会发展目标之一，全社会应当尊重他们、爱护他们、发展他们。近年来，在党中央、国务院的高度重视下，新生代农民工的文化水平有所提高，但高中及以上文化程度的新生代农民工仅仅占总数的1/3。较低的文化水平限制了他们的认识能力和职业发展。因此，解决新生代农民工问题亟须重视教育，既要重视学历教育，也要重视职业教育，为他们全面自由发展增强知识底蕴。然而，上述办法的有效实施均离不开新生代农民工自身全面发展的内因。从新生代农民工自身角度看，他们的思想、行为与时代不符，从而制约其发展。如在就业渠道选择方面，受传统观念的影响，他们多数依赖于老乡、亲属，尚未习惯运用政府搭建的就业平台；在劳动关系确认方面，他们的合同意识淡薄，重乡情、义气，而忽视法律；在维权方式上有的采取过激行为，甚至采取自残行为。因此，解决新生代农民工问题亟须提高他们自身的素质，唯有如此，国家政府为此而创造的外部条件的作用才能有效发挥。

（3）发挥社会意识的能动作用

历史唯物主义告诫我们，社会存在决定社会意识，社会意识对社会存在具有反作用。新生代农民工问题不仅是社会存在问题，而且是社会意识问题，而在这其中更多的则是新生代农民工的心理问题。近年来，为使新生代农民工有一个正常心理，党政团体、社会组织对这一群体及个体做了较为深入细致的思想工作，相关机构及专业人员也相应地为其提供了法律援助，社会各界也尽可能为这一群体实施了人为关怀。但现实状况仍然表现为以农民工为一方主体的劳资关系紧张，新生代农民工犯罪率居高不下。这说明"人的心理不仅需要外在动力，而且还需要内在动力"。目前，在学界，新生代农民工群体相当一部分（约占40%左右）存在自卑、焦虑、抑郁、自闭等心理问题已成定论，但对如何形成新生代农民工特殊心理状态的原因研究的略显不足。多数研究仅仅把其简单归结为生活条件艰苦，劳动强度很大，权益难以保障，收入水平低，业余生活单调等，或者从社会学的角度归结为城乡二元结构、社会排斥等原因，而忽略新生代农民工内在的、主观幸福感、自我效能感等指标（主观幸福感是指个体根据自己的标准对其生活质量的整体评价，具有主观性、稳定性和整体性的特点，是个体心理健康的重要标志之一；自我效能是指个体对自己在特定情境中能否完成某个行为的预期）。其实，新生代农民工内在的、稳定的心理品质，即内在动力对于形成正常心理至关重要。心理健康的涵义揭示，心理健康是一种内外协调的良好状态，是个体内部的协调与外部的适应。因此，为尽快解决新生代农民工问题，应发挥社会意识的反作用，除为这一群体创造良好的外部环境外，还应加大对其内部的心理调适，使他们具有一定的幸福感、满足感。

二 国内相关实践

（一）相关政策法律

党的十八大之前，党中央、国务院从体制机制方面入手，使农民工问题得到了初步解决。如，2006年3月，为有效解决农民工问题国务院建立了农民工工作联席会议制度，为解决农民工问题提供了制度保障。

2006年《国务院关于解决农民工问题的若干意见》（国发〔2006〕5号）出台。当时尽管该文件中没有直接提到新生代农民工，但所列的具体内容已经折射出国家对解决包括新生代农民工在内的所有农民工问题的关注。文件指出,"农民工面临的问题仍然十分突出。主要是:工资偏低,被拖欠现象严重;劳动时间长,安全条件差;缺乏社会保障,职业病和工伤事故多;培训就业、子女上学、生活居住等方面也存在诸多困难,经济、政治、文化权益得不到有效保障。这些问题引发了不少社会矛盾和纠纷。解决好这些问题,直接关系到维护社会公平正义,保持社会和谐稳定。文件提出要提高农民工工资、将农民工纳入社会保障和城市公共服务体系、确保农民工子女享有平等的教育机会、深化户籍制度改革等政策。这些针对农民工的社会政策,涉及就业、收入、社会保障、医疗、教育、居住以及社会参与和政治参与等领域"[①]。该文件的出台具有里程碑的意义。

在职业技能培训方面,党的十八大之前国家制定了一系列有关农民工技能培训政策。2003年9月,国务院办公厅下发了由农业部、劳动保障部、教育部、科技部、建设部和财政部六部委共同制定的《2003—2010年全国农民工培训规划》。2004年,农业部、财政部、劳动和社会保障部、教育部、科技部和建设部共同组织实施"农村劳动力转移培训阳光工程"(简称为"阳光工程")。2006年4月,劳动保障部和国家开发银行联合下发《关于实施农民工培训示范基地建设工程的通知》,决定共同组织实施"农民工培训示范基地建设工程"。2006年9月,共青团中央办公厅出台了《进城务工优秀青年培训计划》,实施了"进城务工青年发展计划——强村实践活动"。

在劳动就业方面,国家逐渐完善了对农民工的就业政策,出台了相关法律。2008年1月1日实施的《劳动合同法》将农民工和城镇职工放在同等的劳动主体上看待,这在劳动立法史上是个很大的进步。此外,《劳动合同法》规定的三方谈判机制,使得农民工在法律上的地位有所提高。近年来,大规模的清理民工工资被拖欠问题的实践,也使得他们的就业环境有所改善,确保了包括新生代农民工在内

---

① 《国务院关于解决农民工问题的若干意见》,2006年3月27日,中央政府门户网(http://www.gov.cn)。

的所有农民工的就业权益。

在解决农民工子女义务教育问题方面,出台了相应政策。1998年,教育部、公安部联合颁发的《流动儿童少年就学暂行办法》规定,流动儿童少年的就学形式,以在流入地全日制公办中小学借读为主,也可入民办学校、专门招收流动儿童少年的全日制公办中小学附属教学班(组)或者简易学校就读。2001年,国务院印发的《关于基础教育改革与发展的决定》进一步明确指出:"要重视解决流动人口子女接受义务教育问题,以流入地区政府管理为主,以全日制公办中小学为主,采取多种形式,依法保障流动人口子女接受义务教育的权利。"2003年9月,国务院办公厅转发教育部、中央编办、公安部、发展改革委员会、财政部、劳动保障部六部委《关于进一步做好进城务工就业农民子女义务教育工作的意见》,明确要求地方各级政府特别是教育行政部门和全日制公办中小学要建立完善的保障进城务工就业农民子女接受义务教育的工作制度和机制,使进城务工就业农民子女受教育环境得到明显改善,九年义务教育普及程度达到当地水平;农民子女与城市学生上学收费一视同仁。此外2006年1月颁布的《国务院关于解决农民工问题的若干意见》(国发〔2006〕5号),进一步明确要求将农民工子女义务教育纳入当地教育规划。2006年,国家修改了《义务教育法》,将解决农民工随迁子女平等接受义务教育问题提上了日程。

在社会保障方面,将农民工已逐步纳入城市社会保障制度之中。20世纪90年代,城镇社会保障制度基本没有向农民工开放。据官方统计数字显示,2013年中国有养老金的外出打工者占所有工作人口的1/6,只有不到1/10的人有失业保险。近些年,中央文件明确要求把农民工纳入到城市社会保障制度之中。另外,针对农民工具有很强的流动性,为避免以往社会保障制度不能确保农民工社会保障随着他们流动而异地转移的问题,国家出台了政策,明确规定要予以解决。

党的十八大后,以习近平同志为核心的党中央对农民工问题高度重视,坚持问题导向,从体制机制入手,出台了一系列政策,采取了更加切实可行的措施。如,2013年6月21日国务院办公厅发布了《国务院办公厅关于成立国务院农民工工作领导小组的通知》（以下简称《通知》），《通知》称国务院决定成立国务院农民工工作领导小组，作为国务院议事协调机构，国务院农民工工作联席会议同时撤销。

2014年7月24日，为全面贯彻党的十八大和十八届三中、四中、五中全会精神，落实党中央、国务院决策部署，按照"五位一体"总体布局和"四个全面"战略布局，牢固树立和贯彻落实创新、协调、绿色、开放、共享的发展理念，以人的城镇化为核心，以理念创新为先导，以体制机制改革为动力，紧紧围绕推动1亿非户籍人口在城市落户目标，深化户籍制度改革，贯彻落实党中央、国务院关于推动1亿左右农业转移人口和其他常住人口等非户籍人口在城市落户的决策部署，国务院出台了《国家新型城镇化规划（2014—2020年）》和《国务院关于进一步推进户籍制度改革的意见》（国发〔2014〕25号）和《国务院关于深入推进新型城镇化建设的若干意见》（国发〔2016〕8号）两部文件。

2014年9月30日，《国务院关于进一步做好为农民工服务工作的意见》（国发〔2014〕40号，以下简称《意见》）公布。这是继《国务院关于解决农民工问题的若干意见》（国发〔2006〕5号）印发实施以来，国务院印发的第二个全面系统地指导做好农民工工作的综合性文件。《意见》的印发实施，对于维护农民工权益、有序推进农民工市民化、促进从根本上解决农民工问题，具有十分重要的意义。

2015年4月27日，为支持农民工、大学生和退役士兵等人员返乡创业，国家出台了《中共中央国务院关于加大改革创新力度加快农业现代化建设的若干意见》和《国务院关于进一步做好新形势下就业创业工作的意见》（国发〔2015〕23号）。

2015年8月，为进一步深化农村金融改革创新，加大对"三农"的金融支持力度，引导农村土地经营权有序流转，慎重稳妥推进农民住房财产权抵押、担保、转让试点，做好农村承包土地（指耕地）的经营权和农民住房财产权，国务院发布《做好"两权"抵押贷款试点工作意见》。

(二) 各地相关实践

近年来，各地以国家颁布的为解决农民工融入城市的一系列法律、法规、政策为依据，对本地新生代农民工问题不同程度地采取切实可行的措施予以解决（见图1-1）。

各地新生代农民工政策一览

河南：《河南省推动非户籍人口在城市落户实施方案》提出，郑州市落户条件中对参加城镇社会保险的年限要求不得超过2年，其他省辖市参加城镇社会保险的年限要求不得超过1年。户籍人口比重低的大中城市，要进一步放宽外来人口落户政策，加快提高户籍人口城镇化率，各地均不得将购买房屋、投资纳税等作为落户限制条件，不得采用积分落户方式。

江西：《江西省贯彻落实国务院办公厅推动1亿非户籍人口在城市落户实施方案》提出，在南昌市中心城区，有合法稳定住所（含租赁）满2年，并按规定参加城镇社保的人员，本人等可在当地申请登记常住户口。其他中心城区，有合法稳定住所（含租赁）和合法稳定的职业人员，本人及其共同居住生活的配偶、子女、父母，可在当地申请登记常住户口。

福建：《福建省人民政府关于进一步推进户籍制度改革的意见》提出，福州市辖区和平潭综合试验区要以具有合法稳定职业和合法稳定住所（含租赁）、参加社会保险年限、连续居住年限等为主要指标，建立积分落户制度，具体办法报省政府批准后实施。厦门市将进一步完善落户政策，按照国务院有关政策要求，建立积分落户制度。

浙江：浙江户籍政策提出，要合理控制特大城市（杭州市）人口规模。对重点群体实行更加宽松的户口迁移政策，支持有条件的地区积极探索户籍制度改革新模式。2017年10月1日浙江省政府办公厅出台了《关于调整完善户口迁移政策的通知》。该通知要求，放宽人才落户，优秀农民工等可"无条件"落户。对高校毕业生、技术工人、职业院校毕业生、留学归国人员由各地结合实际，研究制定全面放开的落户政策。对具有专业技术职称、技能等级的人员由各地结合实际，研究制定更加宽松的落户政策；实行积分落户制度的城市，要根据技术职称和技能等级高低合理设置倾斜性分值和权重。

武汉：武汉提出了具体的落户措施。根据武汉2016年出台的《武汉市人民政府关于进一步推进户籍制度改革的实施意见》（武政规〔2016〕33号），在中心城区实行积分落户制度。此外，武汉放宽开发区、新城区区域落户条件。如果在这些地区有合法稳定住所，连续参加城镇社会保险2年以上的非本市户籍人员，本人可在房屋所在地（武汉东湖新技术产业开发区关东、铁箕山派出所辖区域除外）申请登记武汉市常住户口。

重庆：重庆市的做法是进一步拓宽落户通道。全面放开重点群体落户限制。以农村学生升学和参军进入城镇的人口、在城镇稳定就业的农业转移人口，以及新生代农民工为重点，促进有能力在城镇稳定就业和生活的农业转移人口举家进城落户；全面放开对高校毕业生、技术工人、职业院校毕业生、留学归国人员落户的限制。探索实行高校录取农村籍学生可根据本人意愿，将户口迁至学校所在地；毕业后可根据本人意愿，将户口迁回原籍或迁入就（创）业地。

图 1-1

数据来源：作者根据公开信息制作。

总之，我国各地解决新生代农民工问题的实践在本著作重点研究的问题中都有不同程度的体现，这也是我国解决新生代农民工问题所取得的成就。

三 经验总结

近年来，党中央、国务院高度重视新生代农民工问题，制定了一系列保护农民工权益和解决其生存问题的政策，采取了一些行之有效的措施，同时各级政府也加大了服务和管理力度，并取得了显著成效，积累了一些基本经验。具体表现为以下几个方面。

（一）坚持"以人民为中心"努力解决新生代农民工的基本民生需求

党的十八大以来，以习近平同志为核心的党中央明确提出"以人民为中心"的新发展理念，并在实践中努力予以践行。其主要表现为颁布实施了一系列政策法律法规，目的是有效解决新生代农民工就业、住房、子女教育、社会保障等问题。同时，各地不同程度地开展了各种创新型实践活动。如，为解决二元户籍制度的"积分制"，为解决新生代农民工的基本民生需求而兴建的"农民工公寓""农民工小区"等。

（二）坚持家庭承包经营责任制为农民工提供基本生活保障

家庭承包经营责任制度是新时代中国特色的经济制度，是21世纪中国农民的伟大创举。这一制度作为生产关系，反作用于生产力，不仅调动了广大农民的生产积极性，推动了农村生产力的发展，而且还发挥着社会保障功能。习近平总书记在十九大报告中提出要"实施乡村振兴战略"，并明确："保持土地承包关系稳定并长久不变，第二轮土地承包到期后再延长30年。"在我国全面建成小康社会，实现两个一百年的奋斗目标中，正是由于坚持了这一制度，广大农民才有了基本生存、发展和就业的保障，我国才没有出现印度和拉美国家城市化进程中出现的"贫民窟"现象，从而避免了农民因失地失业造成的严重社会问题。这一制度也为农民工提供了基本生活保障。

(三) 坚持管理方式创新力争尊重保护新生代农民工的人格尊严

近年来，随着经济社会的发展，改革开放不断深入，新生代农民工规模不断加大。在此情况下，用过去的管理方式既无法适应客观形势的发展需要，也不适应我国政治文明建设的需要。为此，我国政府对农民工的管理实现了三个转变，即由静态管理转变为动态管理；由单纯的行政管理转变为依法管理；由防范和控制为主的治安管理转向了对其提供综合服务。改革开放前，农民工被视为"盲流"、"三无"人员，即持有农村户口而盲目进入城市后，没有正式工作，没有可靠的生活来源的人。他们不仅生活无着，有的甚至生命都难以保障。改革开放后的今天，农民工已经成为产业工人的组成部分，他们的地位正在逐步被确认，他们为城市建设所作出的贡献也正在被认可。新时代新生代农民工同样具有追求美好生活的权利。随着社会的发展进步，我国政府已改变对农民工的管理方式，即从单纯的管理向着更加注重尊重保障人权方面转变。这应该称其为所积累的基本经验之一。

第三节　国外相关理论与实践

一　国外相关理论

在国外，西方发达国家早在几十年甚至上百年前就已经完成了工业化、城市化进程，并且也曾出现过大量人口由农村流动到城市现象，如英国、美国、德国等都是如此。西方发达国家在城乡人口流动方面有以下几种理论模式（见图 1-2）。

如上所述，国外学者在人口流动方面已设计了理论模式，积累了丰富经验，特别是近年来对中国农民工问题进行的探讨及评价更使我们开阔了眼界。如有的对中国城乡移民原因进行了分析，认为在体制上中国的城市、农村都发生了改革，减少了劳动力市场的分割，开启了大量农村劳动力进入城市的大门。私人部门的产生和合同劳动力市场的形成也加速了这一进程（M. C. Seeborg）。有的对中国城乡移民的工资决定因素进行了研究，认为户籍制度既影响农民工进入城市也是造成农民工与当地居民收入差距的重要原因之一（Zhigang Lu）。有

国外相关理论

(一) 刘易斯 (W.A.Lewis) 的"二元经济结构"理论

刘易斯 (W.A.Lewis) 认为,发展中国家的经济存在一种"二元经济结构",由传统农业部门和现代工业部门组成。由于土地资源有限,劳动力严重过剩,农业部门的边际生产率很低甚至接近于零,劳动力收入微薄;而在工业部门,不断的资本投入使生产规模日益扩大,生产发展速度超过人口增长速度,劳动力的边际生产率得以不断提高,工资水平随之提高。正是收入水平的差距促使劳动力不断从农村向城市迁移,直到农村剩余劳动力全部被城市吸收为止。

(二) 博格 (D.Bogue) 的"推拉"理论

博格 (D.Bogue) 认为,人口流动是流出地"推力"和流入地"拉力"共同作用的结果。农村劳动力过剩导致的失业和就业不足、较低的收入水平等因素产生促使人口流出的"推力",而流入地较多的就业机会、较高的工资收入、较好的生活水平等则产生吸引人口流入的"拉力"。迁移者正是在这种推拉作用下做出迁移决策。

(三) 舒尔茨 (Talk:T.W.) 的"理性选择"理论

舒尔茨 (Talk:T.W.) 认为,农民工城市就业是权衡经济利益的一种理性选择。他还在制度层面上论述了人的经济价值的增长对于制度,尤其是政治法律制度提出了新要求,如果存在制度滞后现象,就会导致一系列重大的社会问题。

(四) 托达 (M.Todaxo) 的迁移预期收入理论

托达 (M.Todaxo) 认为,欠发达国家的人口流动(主要是乡村—城镇人口流动)取决于两个主要变量:一是城乡实际收入差距;二是城镇中就业的概率。这两个变量决定了流动者在城镇中的预期收入。预期收入与农村收入的差异越大,人口流动的动力就越强,流动人口就越多。迁移预期收入理论揭示了农村剩余劳动力在城市存在失业的情况下仍然向城市转移的原因。

图 1-2

资料来源:作者制作。

的对中国城乡移民的住房问题进行了研究,认为地方政府要制定全面的住房政策,将移民家庭的住房考虑进来(Hiroshi Sato)。有的对中国移民子女的教育问题进行了研究,认为中国移民子女入学困难的现状,对一名儿童甚至是城市社会带来长期的、有害的影响（Zai Liang & Yiu Por Chen）。还有的对中国城乡移民的其他影响进行了研究，认为中国城乡移民不像拉美国家那样组成社团维护自己的利益，因此在城市难以得到公共服务（E. Mobrand）。

二 国外相关实践

"农民工"的问题，不是中国一个国家的问题，也不仅仅是新兴国家的问题，可以说，是任何一个国家走向经济发达过程中都要遇上的问题。[①] 从世界范围看，尽管各国的国情不同、传统不同，进行城市化的时间不同，但都存在人口流动问题。大致可分为三种不同的类型：一是西方发达国家城市化过程中劳动力转移问题；二是拉美和印度的城市化过程中劳动力转移问题；三是东亚一些国家和地区的城市化过程中劳动力转移问题。对于第一种情况来说，由于历史条件不同我们无法重复，但西方发达国家城市化过程中解决人口流动问题积累的丰富经验值得我们借鉴；对于第二种情况来说，由于印度和拉美的城市化道路造成了严重的两极分化和大量城市"贫民窟"等社会问题，我们不能重复，只能汲取教训；对于第三种情况来说，由于东亚这些国家和地区不仅与我国国情比较相近，有的城市化正在进行，或者刚刚结束不久，而且有的对流入城市人口的称谓都与我国相同，如日本、越南等，因此，这些国家城市化过程中"农民工"相关问题的解决经验值得我们借鉴。

（一）德国解决劳动力转移的实践

西方发达国家城市化过程中解决劳动力转移问题较为成功的国家不仅仅有德国，美国等国家也较为典型。但经过资料研究和实地考察，德国在解决这些问题时采取的措施、积累的经验的确值得借鉴。我们认为，德国现在处于世界领先地位的汽车制造业、均衡发展的经济结构、完备的社会保障体系及城市普遍繁荣的景象都与当年农村流动人口的成功解决有一定的关系。

[①]《日本是怎样化解民工问题的》，人民网，2010年10月31日。

1. 德国解决流动人口的住房问题积累的成功经验

在德国城市化进程中，政府对流动人口的城市住房问题采取了不同的解决方式。一是建立和健全法规。1875年普鲁士制定了城市管理法规，规定由私人企业和地方政府同步实施有关城市扩建与管理法规，不是一切问题推给地方政府。私人企业在工厂附近盖起简易工人住宅，解决自来水、环境卫生等问题。二是建立组织机构。即由地方政府、警察局和建筑师组成协调合作班子，统一规划城市交通，征用土地修路、建设住宅，城区面积扩大，政府与建筑师共同起草方案，经市民广泛讨论，交警察局审核批准。[①] 至今为止，德国上百年的老城区依稀可见（见图1-3），原因在于德国城市化过程中采取的是基本上保留原有的老城区，将其建设为商业中心，并且在老城四周有计划地扩建住宅和配套设施，这样就形成了一个以中心城市为主，居民住宅相对分散坐落在古城区的四周。这就是如今德国中心城市人口没有过度膨胀，小城镇也较为繁荣的原因所在（见图1-4）。

图1-3　德国西部鲁尔工业概览

资料来源：作者现场拍摄。

---

① 肖辉英：《德国的城市化、人口流动与经济发展》，《世界历史》1997年第5期。

图1-4 德国布鲁伦茨小镇

资料来源：作者现场拍摄。

2. 德国解决流动人口教育问题积累了成功经验

20世纪初，德国城市化同样面临农业人口流入城市后的教育问题。所不同的是，德国政府采取地方与国家同时解决的方式。当时普鲁士城市议会明文规定："学校是由国家创办的，但并不是由国家统统包下来的，国家只负责监督学校的内部事务，而不是负责专业课程的内容和监督。"[1] 至于各地区创办学校的规模、教师工资、学校建设费用等由各地根据自己的实际能力承担。另外，根据1906年《国民学校维护法》，普鲁士明确将国民学校社会化、地方化，规定地方可以提出任免教师的建议，国立学校与地方学校地位同等。为了确保各类学校教学质量，国家强调各类学校教师严格实行考试准入制，并将所有教师一律纳入国家公务员系列管理。德国法律的明文规定及具

---

[1] 沃尔夫冈·R. 克拉伯：《19—20世纪德国的城市》（Wolfgang R. Krabbe: Die deutsche Stadt in 1920 Jahrhundert），2011年11月（http://www.baidu.com）。

体做法，缓解了该国城市化中的教育问题，从而保证了德国的教育质量，有力地促进了教育事业的发展。在德国大批农村劳动力转移到城市后，成年人的职业技能和随迁子女的教育成为一个亟待解决的社会问题。随着大量民工进城，职业教育的普及和发展变得更为迫切。在这一进程中，德国高度重视少年儿童的基础义务教育和成人的职业培训。在解决成年人的职业技能问题上德国采用"双轨制"模式，创办了职业学校，发展了职业教育；在解决随迁子女的教育问题上，德国制定《童工法》明文规定，6—14 岁的青少年必须接受最基本的义务教育，然后才能进工厂就业。总之，德国悠久的教育历史及教育模式，对提高全民科学技术和文化水平发挥了重大作用。

3. 德国解决流动人口的社会保障问题积累了成功经验

德国在工业化进程中需要大量的劳动力，但城市本身的发展并不能完全提供充分的就业机会，由于人口流动的盲目性使失业成为不可避免的社会现象，当周期性经济危机爆发时，大批工厂纷纷倒闭，而从农村来到城市的产业工人是最大的受害者，他们失业时只能靠救济为生。[①] 为了解决这一社会问题，保证生产发展，最初德国政府出面协调，使拥有社会财产较多的人承担更大的社会责任，拿出一定的财产照料贫穷人的生活，以使穷人得到最低生活保障。后来，德国社会名流意识到解决劳工问题，由政府出面提供社会福利不应该是权宜之计，于是在各种因素作用下，1855 年德国实施了《穷人权利法规》，根据该法规的规定，对贫困居民实行生活补贴制度。1883 年国会通过《疾病保险法》，规定医疗保险费用实行"三三制"即由雇主负担三分之一，雇员负担三分之一，保险部门负担三分之一。与此同时，德国的社会化服务性行业、社会保障机构也不断健全和完善，逐步建立了失业保险组织，如 1896 年科隆成立了以工会自救会为基础的失业保险组织，不久又成立了全国性的介绍工作和关心失业者的机构。在法兰克福、斯图加特等地率先建立了职业介绍所。到 19 世纪最后

[①] 顾协国：《中外"农民工"比较及政府对策的思考》，2003 年 10 月 21 日，中国改革论坛网（http://www.chinareform.org.cn）。

的20年里,德国的汉堡、美因茨等城市成立了自愿照顾儿童和青年的救助组织,此外,一些城市还建立了医疗服务学校、医疗专科学校、饮食专科学校和幼儿园等。这些组织机构的建立既使德国城市的职能发生了转变,同时又体现了城市化、工业化、人口流动互为作用,共同推动德国经济全面发展,促进社会福利保障体系不断完善。[①]

时至今日,德国的社会保障水平仍处于世界领先地位。德国长期实行的是并行体制,即在坚持走市场经济的路线同时,注重加强政府的监督引导,并且更加注重社会公平公正,保障大部分人的利益。德国的社会保险与我国略有不同,该国社会保险的险种分为医疗、失业、养老、意外事故、护理、家庭保险等险种。德国不存在生育保险,因为德国在"人口负增长"的情况下,自2007年开始就实行了父、母双方育儿补贴制度,不仅母亲因生育会得到经济上的补贴,父亲相应的在不工作的情况下也会得到数个月的育儿补贴。在德国施罗德执政时曾强调:"每个人都享有社会保障的权利,但每个人都要为社会做贡献。"即使是残疾人也要从事力所能及的工作,国家为残疾人提供劳动条件,扩大了无障碍设施,路面、火车、餐厅、卫生间等都有残疾人通道,残疾人不能提出不劳动的想法,因为完善的社会保障是需要资金来源的。目前,在德国现有8200万人口中,就业人口4000万(德国68岁退休),这其中有1200万就业(半职工作)交的是一半的保险金,但一旦生病、失业享有的保险金却是全额的。另外,还有低收入的500万人,打短工的等,而交全额保险金的仅为2000万人。为此,德国政府近20年来首要的任务就是在工会、社会组织参与下解决就业问题。德国解决流动人口的社会保障问题的做法,为我们解决新生代农民工社会保障、就业问题提供了思路。

(二)印度、拉美国家农民工问题的解决

印度和拉美国家是城市化不成功国家的典型代表,并以"贫民窟"为主的城市化道路著称。其主要特点有以下方面:一是印度和拉

---

① 顾协国:《中外"农民工"比较及政府对策的思考》,2003年10月21日,中国改革论坛网(http://www.chinareform.org.cn)。

美国家一样实行的是人口自由流动；二是流动人口到城市后与在农村相比生活并没有显著变化；三是流动人口没有回到农村的退路。常言道"劳者有其股、耕者有其田"是劳动者生存的保障性条件，但在印度和拉美国家城市化进程中，农村家庭农场平均规模较小，并且存在着大量的无地农民，他们来到城市前没有土地资产可变现，来到城市后没有土地作为保障，而当大量无地农民向城市流动时，城市政府既没能促进其就业，又没有足够的财力对低收入人群的住宅予以供给，结果致使相当一部分农民在"贫民窟"中安身。由此可见，印度和拉美国家城市化进程中农民进城的原因与我国明显不同，我国农民是在基本都占有承包耕地的情况下，由于城市相对的较为优越的生活条件而被吸引到城市之中的，而不是因为在农村没地或失地而被挤到城市之中的。正如一些学者所言，我国农民工进城是"城市的拉力"或者说是城市高收入的吸引的缘故。正因为这样，他们才忍受着"二等公民"的待遇。当他们感到在城市难以生存时，可以退回农村，因为在农村他们有土地、有根基，这就是在我国"土保能够换社保"的原因所在，也是我国没有形成印度和拉美国家在城市化进程中出现"贫民窟"现象的关键所在。

（三）日本解决农民工问题的实践

日本目前可称其为发达的资本主义国家，但在其发展历程中也出现过"农民工"群体。因为一个国家从农业国家转化成为工业国家，从新兴国家转变为发达国家都会出现"农民工"这一社会群体，这已是被实践证明了的经济发展中的一个模式。所不同的是，日本走的是一条较为体面的城市化道路，韩国及我国的台湾地区也是如此。

我国与日本不仅同属亚洲国家，而且城市化的时间也比较接近。日本是在20世纪50年代末到70年代末，经济高度发展的背景下出现"农民工"这一社会群体，而我国则像接力赛一样在改革开放后，即20世纪80年代末90年代初出现的。尽管我国"农民工"群体出现的时间比日本晚30年，而且数量较大，但日本解决农民工问题积累的经验，总结出的问题值得我们借鉴。

1. 日本的户籍制度

日本的户籍制度的解决方式值得我们借鉴。日本是实行迁徙自由的国家，"农民工"与城里人一样可以自由地选择居住地点，并且与其他发达国家一样，所到之处只要进行居住登记就可成为当地居民，并且还可以享受当地的社会福利，而没有户籍方面的限制，更没有"农业户口"和"非农业户口"的区别。我国"农民工"与日本"农民工"有所不同，从20世纪80年代初至今，我国"农民工"尽管人身可以自由迁徙，但"户籍"、"身份"却不能随着地域的改变而改变，尤其是不能享受与当地居民一样的社会福利。迄今为止，从"农业户口"转变为"城市户口"，从"农二代"变为真正的城里人，对许多新生代农民工来讲还不过是一种理想。

2. 日本"农民工"的基础教育

日本"农民工"的基础教育情况值得我们借鉴。日本自明治维新后对基础教育就非常重视，无论是城里人还是乡下人都不存在"文盲"。由于日本"农民工"与城里人一样，也具有较高的文化素质，因此他们到城里后很快就能胜任工作，并且成为高素质的产业工人。相比之下，我国到目前为止还没有消除文盲。据国家统计局《2016年农民工监测调查报告》显示，截至2016年，我国不识字或识字很少的占农民工总数的1%，按此数据便可测算出目前我国农民工中的文盲数量为28万1710人。由此可见，目前我国职业技能不高、劳动争议较多，与农民工文化水平普遍偏低有直接关系。

3. 日本"农民工"进城的具体情况

日本"农民工"进城的具体情况值得我们借鉴。日本"农民工"进城是有组织行为。由于经济快速发展，城里劳动力短缺，因此，当时日本"农民工"进城时是由企业下乡，直接从农村把工人召集上来。他们离开村庄时采取的是集体行动，进入城市以后，也由招聘的企业统一负责衣食住行。可见，日本"农民工"的就业途径与我国明显不同，他们进入城市后不需要到处求职或较长时间待业，安顿下来后很快就能够进入工作岗位。而我国的相当一部分"农民工"是靠亲朋好友相互介绍进入城市的，从形式上来看几乎都是零散、单独行动。他们进入城市以后，有的长期不能就业，又无法解决生存问题，由此带来一些社会治安问题，成为城市中犯罪的高发群体。

三 启示与借鉴

如前所述，西方发达国家的城市化积累了丰富经验，但印度和拉美等发展中国家农业人口进城后却没能融入城市社会，不少农村人口在城市形成了自己的聚落乃至"贫民窟"，出现城市"亚文化"圈，这些国家劳动力的无序流动，不仅对国家经济发展起不到应有的促进作用，反而对城市管理也带来不利影响。为此，在我国新生代农民工融入城市过程中，我们有必要总结发达国家城市化的成功经验，汲取印度和拉美国家城市化的教训，更好地推进中国的城市化进程。

（一）加快建设现代化经济体系

习近平总书记在党的十九大报告中明确指出，中国经济已由高速增长阶段转向高质量发展阶段，正处在转变发展方式、优化经济结构、转换增长动力的攻关期，建设现代化经济体系是跨越关口的迫切要求和我国发展的战略目标。

19世纪末20世纪初，德国的城市人口数量及从事非农产业的劳动力所创造的经济效益在德国均占有支配地位。1910年德国基本实现了城市化，其城市化时间少于法国和美国。与法国、美国等国家相比，德国走过的是一条"在社会史上充满危机的道路，即从带有早期工业痕迹的农业国转向拥有强大工业的农业国，进而过渡到具有强大农业基础的工业国"[1]。德国强大的原因在于：工业化推动了农业的现代化和农村劳动力转移；城市经济的繁荣又促进了第二、第三产业的发展；而农村富余劳动力又为工业化城市的进一步发展提供了有利条件。

从德国城市化的发展路径我们不难看出：德国城市化与其经济发展速度基本吻合，这对我国正在进行的城市化是一种启示。也就是

---

[1] 克劳斯约·巴德：《德国人口流动》（Klaus J. Bade: Homo Migrans Wanderung—Aus und nach Deutschland），埃森1994年版，第22页。

说，城市化不能单单追求速度，城市化必须与经济发展水平相适应，如果经济发展水平没有达到一定程度的情况下，一味强调城市化的速度，在城市难以吸收过多流动人口时，就会出现印度和拉美国家"贫民窟"现象。由此看见，尽管中国与西方发达国家劳动力转移问题出现的历史阶段不同，但解决问题的决定因素是共同的，即城市经济的发展与繁荣是不可或缺的。

目前，我国工业化早已完结，但我国经济发展还有很大的空间，在经济发展区域上，我们可以采取大力发展县、镇经济的形式，为流入城市的新生代农民工提供更多的就业岗位。我们在"城市化"进程中应借鉴韩国和我国台湾地区的成功经验，在城镇放开人口流动的限制，大力发展县、镇经济，使转移到城镇的农民在大量的小企业和服务业中得到了就业机会，另外，在"土保变社保"的问题上，应加大政策调整力度，促进农村土地和住宅的变现。另外，为了使转移到城镇人口有足够的购买住宅的能力，政府在扩大就业、不断提高工资水平的同时，还应对土地和房价进行控制。例如，20 世纪 80 年代，在土地和房价没有上涨前，台湾城市化水平已经达到 65%，并且城市中 85% 的居民有了属于自己的住宅。韩国政府建造了 250 万套住宅，解决了四分之一人口的住房问题。东亚这些国家和地区，在人口大量向城镇转移初期，也存在一些"贫民窟"，后来随着政府财力的增加、人民收入的提高，政府逐步地进行了改造，使人民都有了体面的居住。① 因此，在目前我国大、中城市接纳能力有限的情况下，只有转移工作重心，才有可能使"新生代农民工"问题有效解决。我国的国情与西方发达国家和拉美等国不同，我国的城市化模式必须从中国国情出发，在产业发展方向上要发展本国的优势产业，以吸收城市化带来的过多农村剩余劳动力。由于拉美多是资源大国，各种类型的政府都不断提高福利水平，形成所谓拉美的"福利赶超"现象。因此，拉美国家的第一产业发展很快，由于大量人口聚集在城市，有

---

① 2010 年 5 月 14 日，《中国城市化道路不比印度贫民窟优越》，中国评论新闻网（http://www.chinareviewnews.com）。

聚集效应，它们的第三产业、服务业也是高度发达的。我国则不同，我国是农村人口向城镇转移的众多，但土地资源短缺，从云南腾冲到东北黑河一线的东南部，除去山地，可利用的有效土地面积才为960万平方公里的1/4左右。尽管我国自然资源短缺，但劳动力资源廉价与丰富。近年来，我国随着产业结构升级、劳动密集产业从东部向中西部转移，而且无论是东部地区，还是中西部地区，务工的农民工还是主要从事制造业、建筑业（见表1-2）。另外，我们在继续发展制造业的同时，我们还要大力发展第三产业，这样中央政府"保增长"的目标才能落到实处。同时这种选择也可以避免如拉美国家进入到中等收入时期后，出现经济一直处于停滞的现象，即防止世界银行所称之为掉入到"中等收入陷阱"的情况出现。

表1-2　　　　　　　　农民工从业行业分布　　　　　　　　单位：%

	2015	2016	增减
第一产业	0.4	0.4	0.0
第二产业	55.1	52.9	-2.2
其中：制造业	31.1	30.5	-0.4
建筑业	21.1	19.7	-1.4
第三产业	44.5	46.7	2.2
其中：批发和零售业	11.9	12.3	0.4
交通运输、仓储和邮政业	6.4	6.4	0.0

资料来源：国家统计局数据。

（二）深化以户籍制度为根本的二元结构改革

原有二元户籍制度带有明显歧视性特征，为了使新生代农民工能够尽快融入城市，消除体制上的羁绊，应建立城乡统一的户籍制度。两代农民工之间的差异，需要中国的城镇管理政策作出调整，政府应在各地改革的基础上，借鉴德国及国外大多数国家采取的居住登记制度，或叫"人口生命登记制度"，或叫"人事登记"制度，利用我国现有的居民（改为公民）身份证号（相当于国外的社会保障号），将公民的出生、死亡、结婚、离婚、生育、宗教信仰等事项予以登记，以尽快建立起与我国城市管理相衔接，与城镇化建设相匹配，并具有明显法治化特征的新的一元化户籍制度或办法，为新生代农民工中的相当一部分人融入城镇提供必要的制度条件。

（三）加大对农民工人力资本的投资力度

人力资本是通过对人力投资形成的一种资本，它涵盖了体现在劳动者身上的后天获取的以其数量和质量来衡量的知识、技能、智能以及体能等决定劳动者整体生产效率的全部因素。[①] 由于我国新生代农民工的受教育程度普遍较低，他们中的学历大多为初中、高中，没有经过专门的职业培训，谈不上职业素养。因此，他们与日本的农民工不同，他们的文化素质、职业技能水平决定了他们只能进入劳动密集型企业，这就必然影响到他们工作的稳定性、薪水的高低等。在我国，目前仅有三成左右的新生代农民工接受过非农职业技能培训。而相比之下，德国解决流动人口的成功经验之一就是大量的流动人口接受过职业技能培训。德国是举世闻名的职业教育富有成效的国家之一，其职业技能培训方式堪称世界最佳。德国的职业教育不仅为德国企业培养出大批优秀的技术工人，而且对世界其他国家，尤其是为发展中国家提高劳动者素质提供了思路。在德国，国家对职业技术工人给予足够的承认，其地位及各方面的待遇并未因是职业教育文凭而受到影响；同时技术工人本人也没觉得受到他人歧视。在德国"能力"比"学历"更重要。德国每年大约有60%的年轻人在小学毕业后就选择普通中学或实业中学，毕业后接受职业教育，而且只要年满16周岁，与相关企业签一份职业教育合同便可开始接受职业教育，无须入门考试。德国职业教育的最大特点"双轨制"，即学生一面在课堂读书，一面在企业实践。"双轨制"职教学习期间，签约企业要向学员支付实习工资。如前所述，德国是法治国家，在职业教育方面同样有法可依。德国的《职业教育法》限定了360种职教方向，并对培训

[①] 李伦：《新生代农民工城市融入的影响因素及对策浅析》，《中国集体经济》2011年第10期。

者资格、培训时间、培训对象以及企业等作了规定。我国的职业教育最早是技校教育，采取的是苏联模式，后来经过调整，有了自己的发展模式，即中技（中职）学制三年，在学校既学习理论知识，又进行实习培训。在我国，1996年就制定了《职业教育法》。该法规定，"国家实行劳动者在就业前或者上岗前接受必要的职业教育的制度。"然而，我国的职业教育效果离社会需求还有一定距离，学生接受职业教育后仍然存在实践经验欠缺，动手能力不强等问题。为此，我们有必要借鉴德国的"双轨制"教育体制，切实提高受教育者的实际操作能力，以增强新生代农民工的就业能力，满足劳动力市场的需求。

（四）加大制度创新力度

农民工问题的实质是权利保障问题，为此，必须从制度层面加以引导、扶持和规范，这已被德国等发达国家的实践予以证明。全国政协委员、北京市金杜律师事务所管委会主席王俊峰在考察德国、英国等国在工业化、城镇化过程后建议应积极借鉴这些国家的成功经验，加快立法进程，对农民工权益维护、土地节约集约利用、城乡一体的社会保障体系建设、各级政府工作职责等作出明确法律规定。德国是一个发达的法治国家，在德国领域内会使人感觉到浓厚的法治气息。早在工业化、城市化初期，德国政府为解决流动人口的住房、环境问题制定了《城市管理法》；为解决农业人口流入城市而随之而来的教育问题制定了《国民学校维护法》和《童工法》；为解决劳工社会保障问题，1883年国会通过《疾病保险法》等。

我国政府对农村劳动力进城务工问题也十分重视，从20世纪80年代以来颁布了大量文件。如，2010年中共中央、国务院颁布的《关于加大统筹城乡发展力度，进一步夯实农业农村发展基础的若干意见》明确提出了"要着力解决新生代农民工问题"。2016年《国务院办公厅关于全面治理拖欠农民工工资问题的意见》（国办发〔2016〕1号）提出，到2020年实现农民工工资基本无拖欠。近年来，人劳部相继出台了《企业劳动保障守法诚信等级评价办法》《重大劳动保障违法行为社会公布办法》和《拖欠农民工工资"黑名单"管理暂行办法》，并同步确立了拖欠农民工工资多部门联合惩戒机制。

目前，劳动用工守法诚信建设已经或正在显现其成效。下一步，有关部门要打好"三办法、一入罪"的组合拳，严格落实法律制度规定，织牢织密企业不敢违法、不能违法、不想违法的违法失信惩戒网。尽管上述三文件也是政策方面的引导，但其内容已克服了2010年《关于加大统筹城乡发展力度，进一步夯实农业农村发展基础的若干意见》较为原则的状况。目前，借鉴国外发达国家的经验，结合我国的具体情况，为维护社会稳定，有效维护新生代农民工就业、住房、医疗、教育等方面的合法权益，亟须进一步完善相关法律法规，出台针对农民工权益保护的专门法律，降低劳动争议进入诉讼程序的门槛，将原有劳动争议需仲裁的前置条件变为当事人的选择权。此外，要加强行政执法，在原有机构基础上整合队伍，建立专门与农民工密切相关的部门，并加大执法和劳动监察力度，提高相关人员的素质，使新生代农民工各项合法权益得到切实维护。

第四节 新生代农民工融入城市的历程、价值分析与原则

一 新生代农民工融入城市的历程

（一）新生代农民工融入城市的历程概述

1978年党的十一届三中全会召开后，家庭联产承包责任制的实行，大大促进了农村生产力的解放，从而使劳动力产生了剩余。与此同时，城市中第二、第三产业也迅速发展，产业结构快速升级。由于户籍管理制度的松动，使大批农民从农村向城市流动，外出农民工数量逐年增加，且规模一年超过一年。40年来，伴随着我国经济的发展和社会的快速转型中国农民工已经悄然更新换代，如今新生代农民工已成为现代化建设的一支生力军。这一庞大群体的形成，对城市文明、公民意识是个考验，对党的执政能力是个检验，他们融入城市有利于经济的发展与腾飞，有利于城镇化进程的推进，有利于社会的和谐与稳定，有利于社会主义新农村的建设，他们对中国经济社会的发展正起着至关重要的作用。

(二) 新生代农民工融入城市的历程透视

1. 城市化的序幕

城乡的心理对接是新生代农民工融入城市的序幕。改革开放以来，随着我国经济的快速发展，人们的物质文化水平显著提高，传统视域下的城市文化与乡村文化之间的隔离逐渐消失，新生代农民工对美好生活的向往愿望更加强烈。在迁入城市前以电视为主的大众媒体的广泛流行使得他们不断接受来自城市化的经济、文化的浸染。而日臻完备的九年义务教育及高中或中等职业教育，更为这一群体注入了较多的城市性素养。另外，亲属、村民大量进城务工，不仅自然而然地使城市生活方式不断向传统的农村地区进行渗透，而且使新生代农民工对于进入城市的打工生活并不陌生。在这些因素的影响下，促使新生代农民工在来到城市前就有了成为城市中永久居民的愿望，而自幼跟随父母在城里打工的新生代就更是如此，他们早已获得了更多的对城市社群生活的感性认知，这为新生代农民工在城里工作生活奠定了心理基础，为新生代农民工城市化拉开了序幕。

2. 城市化的开端

新生代农民工与老一代农民工职业生涯不同，老一代农民工多数具有务农经历，养成了日出而耕、日落而归的职业习惯；而新生代农民工自工作后就受到现代职业性规训，实现了城市化的变迁。他们大多就职于建筑业、制造业和服务业。据国家统计局《2017年农民工监测调查报告》数据显示，2017年从事第二产业的农民工比重为51.5%，比上年下降1.4个百分点。其中，从事制造业的农民工比重为29.9%，比上年下降0.6个百分点；从事建筑业的农民工比重为18.9%，比上年下降0.8个百分点。从事第三产业的农民工比重为48%，比上年提高1.3个百分点。而2011年从事制造业的比重最大，占36.0%，其次是建筑业占17.7%，服务业占12.7%；2008年外出农民工中从事制造业、服务业和建筑业的比重分别为37.2%、12.2%和13.8%。数据对比可以发现，农民工从业已经从制造业、建筑业转向以第三产业为主，从事建筑业的比重逐年下降。由于这些行业规范的工作流程与要求，不仅坚实地锻造了新生代农民工的现代职业素养，还搭建了他们融入城市的体验平台。特别是服务行业务工者普通话的广泛使用，更褪去了他们原有乡土社会的文化外表，从而实现了他们职业的城市化变迁。

3. 城市化的桥梁

新生代农民工是我国工业化进程中一个数量庞大的群体，他们在为城市发展作出重要贡献的同时，渴望体验城市文明，希望能在城市成长发展，人文关怀、情感交流、休闲娱乐等方面的精神文化生活需求日益迫切。近年来，在党委政府和社会各界的关心重视下，新生代农民工的文化生活有了明显改善，特别是在文化大发展、大繁荣的新形势下，新生代农民工的业余生活也不断丰富，他们主动参与企业、社区的文化活动，显示出具有融入城市的主体性姿态，尤其是制造业、服务行业的务工者们，他们不仅能从日常工作中直接获取更多的城市生活时尚元素，领略时尚风骚，而且日常时尚化的塑造使他们更具有了城市化的生活气息。与此同时，城市流行的现代数码产品，更给予了这些打工者现代派的时尚包装。开放、多元、个性化的信息时代，在现代数码时尚的装点下，新生代农民工更具有了城市化的丰富表象。城市化的外在内容已经在该群体中充分展现。早在2011年，文化部、人力资源和社会保障部与中华全国总工会联合下发《关于进一步加强农民工文化工作的意见》，首次对农民工文化建设进行了全面部署，这是我国消除城乡二元结构鸿沟，推动公共文化服务均等化的一个重要举措。随着全球经济、信息一体化进程的加快，新媒体对社会的影响日益增强，新媒体发展对新生代农民工也产生了重要影响。一方面，新生代农民工自身主动运用新媒体平台从而潜移默化地提高了自我身份的认知；另一方面，在新媒体作用下社会对新生代农民工的身份认知也发生了改变。总之，党和政府运用文化的力量，以及新媒体对其的影响，为数以亿计的农民工搭建起一座融入城市的坚实桥梁。

4. 城市化的阻遏

新生代农民工进城的心理期待是想有一份非农化的现代职业。他们身份转换轨迹为最初的农民——农民工——城市市民。他们在经济收入、政治地位、社会作用、思想观念等方面都已发生了一定的变化，这些变化不仅对其市民化带来了一定的影响，而且对中国的工业化、城市化和现代化也产生了深刻的影响。但是，源于体制机制方面因素的制约，新生代农民工在转为市民的过程中仍然遭受到户籍制度、就业制度、社会保障制度、教育制度、城市化发展以及社会各阶层思想观念等种种因素的制约，面临一系列需要政府和社会各界给予重视和解决的现实问题。为此，当前如何解决新生代农民工面临问题，使他们真正融入城市，推进我国的城市化进程自然成为一个亟待深入研究探讨的新课题。

二 新生代农民工融入城市的价值分析

（一）新生代农民工融入城市的价值概述

1978年党的十一届三中全会召开后，家庭联产承包责任制的实行，大大促进了农村生产力的解放，从而使劳动力产生了剩余。与此同时，城市中第二、第三产业也迅速发展，产业结构快速升级。由于户籍管理制度的松动，使大批农民从农村向城市流动，外出农民工数量逐年增加，且规模一年超过一年（见表1-3）。

表1-3　　　　　　　　农民工发展规模

年份	规模（万人）	年份	规模（万人）
1995	7500	2007	13700
1998	9600	2010	15300
2000	10100	2012	26261
2002	10200	2015	27747
2004	12000	2017	28652

数据来源：历年《中国人口统计年鉴》。

改革开放40年来，伴随着我国经济和社会快速转型中国农民工已经悄然更新换代，如今新生代农民工已成为现代化建设的一支生力军。这一庞大群体的形成，对城市文明、公民意识是个考验，对党的执政能力是个检验,解决好他们的生存发展问题,对于改善民生、遏制城乡差距扩大、促进社会和谐稳定具有十分重要意义,他们对中国经济社会的发展正起着至关重要的作用。

(二) 新生代农民工融入城市价值的具体内容

1. 廉价而丰富的劳动力是经济发展的资源

当前发展经济,提升整体产业水平,特别是外向型经济的发展(如,2012年4月在德国汉诺威举办的工业博览会期间,中德两国政府及有关部门、企业签署了涵盖财政、环保、文化等领域的10项合作协议)需要大量的具有一定素质的劳动力,而我国数以亿计的新生代农民工为这种外向型经济的发展注入了年轻、新鲜、富有创意的力量,同样,中华民族的伟大复兴也离不开新生代农民工。

2. 充满生机的劳动群体是产业大军的新生

新生代农民工与上一代农民工相比较多数文化水平较高,思想活跃,另外,由于他们在劳动群体中占有相当比例,为此深入的领域也更加广泛。他们为产业的技术升级和第二、第三产业的发展作出了重要贡献。城市鳞次栉比的高楼大厦、宽阔清洁的林荫大道、四通八达的交通网络等新设施、新景观、新气象,都凝聚着他们的汗水和智慧。可以说,如果没有新生代农民工的辛勤劳动,我国转变经济发展方式、调整经济发展结构就难以落到实处。

3. 追求时尚的生活方式是拉动消费的动能

显而易见,新生代农民工如此庞大的人群进城居住,既有物质需求,又有精神文化需求。因为他们每天都要消费,每天都要衣食住行,这不仅增加了对住宅的需求,食品、服装、日用品与普通交通工具的需求也随之增加,更重要的是由于他们的进入,增加教育、文化娱乐、消遣等精神产品的需求数量。同时,也加大了政府对公共产品的供应量。由此可见,新生代农民工进入城市,必然会扩展城市的消费规模,极大地拉动内需。

4. 难以割舍的乡土眷恋是新农村建设之助力

新生代农民工在城市生活、工作的经历,对农村的发展变化有所影响。由于他们与农村固有的家庭血缘纽带关系,使他们成为城乡之间最为紧密的联系者。他们在城乡之间进行往来，有意无意地将城市生活的新思维、新观念带回了农村，致使农村面貌有所改变了。特别是进入网络经济时代，由于农民工的出现，城乡互动获得空前发展。有的新生代农民工在积累了一定的资本和经验以后，萌发了创业的冲动，在条件成熟时带着资金、技术、人才、管理等生产要素回到家乡。他们回乡后无论是创办企业带动农业产业化发展，投资、捐资改变家乡落后面貌，及充当经纪人架起农村经济发展的桥梁；还是担任村干部，成为家乡建设的带头人，都是在为新农村建设做贡献。当前，社会主义新农村建设需要大批有文化、懂技术、会经营的新型农民，而新生代返乡农民工正是新型农民的代表，他们返乡后通过上述方式创业就业，推进了新农村经济建设，传播了先进文化，建设新型村民组织，对家乡的社会主义新农村建设起到了极大的推动作用[1]，促进了我国乡村早日振兴。

三 新生代农民工融入城市的原则

（一）新生代农民工融入城市原则概述

党的十九大报告指出："我国社会主要矛盾已经转化为人民日益增长的美好生活需要和不平衡不充分的发展之间的矛盾。"[2] 从新生代农民工的需求来看，这一群体的美好生活更是多样化的，不仅包括物质方面，而且在民主、法治、公平、正义、安全环境等方面比其他群体更为迫切。从全国总工会 2016 年公布的企业新生代农民工状况调查显示，新生代农民工目前还面临，劳动合同执行不规范，工作稳定性差，社会保障水平偏低，职业安全隐患较多，职业培训不理想，加入工会比例较低等突出问题，随着岁月的流逝，时间的推移，农民工已经更新换代，而解决新生代农民工的问题需要坚持一定的原则。新生代农民工种种问题的存在，很大程度上与没有很好坚持一定原则有关。

---

[1] 王俊敏：《返乡农民工在新农村建设中的探讨》，《财经界》2010 年第 4 期。
[2] 《党的十九大报告》，2017 年 10 月 18 日，人民网（http://www.people.com.cn/）。

新生代农民工的形成，对城市文明、公民意识是个考验，对党的执政能力是个检验，因此必须明确解决问题的原则，以积极稳妥推进城镇化，把符合条件的农业人口转变为城市（城镇）居民，让新生代农民工更好地融入城镇，推进我国城乡融合发展进程。

（二）新生代农民工融入城市原则的内容

新生代农民工融入城市原则的内容可概括为"六个坚持"。

1. 坚持同地域同待遇和同权益的平等原则

公平正义是和谐社会的重要特征之一，是现代社会文明进步的重要标志。在农民工问题上，坚持公平原则的实质，就是要对进城务工的新生代农民工与城镇职工同等看待，让他们在社会待遇、社会保障、劳动保护、政治权利、维权服务、精神文化生活等方面享有与城市居民平等的待遇和权益，使他们能够与城镇职工身处同一个城市，心怀同一样感受。在加快建设社会主义法治国家的 21 世纪的今天，要坚持公平原则，做到公平对待，其前提是应该完善立法，在制度层面消除对新生代农民工歧视性规定，使农民工和城市职工享有同等的权利和义务。迄今为止，尽管我国法律已经作出"凡是中华人民共和国公民都享有平等权"的原则规定，但这项原则规定在制度层面体现得还不充分。例如，《宪法》第 33 条规定：中华人民共和国公民在法律面前一律平等。然而，这项规定宪法本身就没有很好地体现。如《宪法》第 44 条规定：国家依照法律规定实行企业、事业组织的职工和国家机关工作人员的退休制度。退休人员的生活受到国家和社会的保障。这条规定明确地将作为"劳动者"一员的"农民"排除在退休保障权的主体之外，默认了对农民与城镇职工的不平等对待。在劳动就业方面，《劳动法》第 12 条规定："劳动者就业，不因民族、种族、性别、宗教信仰不同而受歧视。"但是在该法律条文中却找不到"身份"二字，而是明显地将"不因社会身份的不同而受歧视"排除在外，这就使农民在劳动方面的权利失去了平等对待的法律基础。其次，要更新观念，树立理解农民工、尊重农民工、善待农民工的意识。包括新生代农民工在内的所有农民工，他们为城市建设付出了许多辛劳和汗水，他们理应享受到城市的文明、繁荣、发达与便利，得到全社会的认同、尊重与爱护,但由于种种原因,时至今日,相当一部分地区并没有将其作为城市居民的一部分。有的用人单位更是如此,没有给他们最基本的尊重。此外,坚持公平原则,就是要着力解决关系新生代农民工切身利益的突出问题,不仅要使他们在城市得以安身立命,而且要使他们能够上升发展;不仅要使他们获得经济利益,而且还要解决他们政治、文化权益保障问题。

2. 坚持政府为其提供适时到位的服务原则

新生代农民工问题的解决不仅要完善制度,消除体制性障碍,政府也有着责无旁贷的责任。长期以来,面对日益庞大的农民工队伍,有的政府部门存在重管理、轻服务的倾向,这已经不符合人类走向政治文明、落实以人为本的科学发展观,以及打造服务政府、责任政府的客观需求。坚持服务原则,就是指政府在对待新生代农民工的问题上要切实转变职能,有责任提供全方位、多层次、适时到位的服务,并根据劳动力市场需求为他们提供相应的职业技术培训,要努力保障他们各方面的合法权益,在尊重他们自主就业的同时,创造条件,鼓励具有一定知识、技能的新生代农民工返乡创业。

3. 坚持着眼全局解决突出问题的统筹原则

新生代农民工的问题不是个别地区、个别部门和个别行业的问题,它具有普遍性、全局性、长期性。近年来,一些地区在解决新生代农民工问题上实行了一些好的做法,积累了一些经验,在此基础上,中央要从政治经济和社会发展全局的高度进行通盘考虑,并采取有力措施予以解决。另外,市场的自发性、盲目性,以及经济结构的调整,亟须政府对农民进城务工加以合理引导,既要允许新生代农民工到大中城市就业生活,又要大力发展乡镇企业和县域经济,扩大农村劳动力在当地转移就业。

4. 坚持以制度建设为关键环节的创新原则

世界发达国家工业化过程中人口流动的基本特征就是农业劳动力向非农产业和城镇进行转移。在我国,目前尽管新生代农民进城后生活、工作地域有所变化,但由于长期以来实行的是城乡分割的二元户籍管理制度,他们中有很多人至今身份仍未改变,同时城市也未认同并接纳他们为城市居民。当前，除广东、成都等地进行户籍制度改革外，还有一部分新生代农民工没有真正被城市接纳，甚至受到歧视。如果这种状况不解决，不仅影响到新生代农民工自身的健康成长，还会成为社会不稳定因素，从而影响我国城市化进程。实践证明，城市敞开胸怀接纳进城务工的农民，使之顺利转变为市民的问题，是我国城镇化的核心问题。2001年诺贝尔经济学奖获得者之一的斯蒂格利茨把中国的城市化与美国的高科技并列为影响21世纪人类发展进程的两大关键因素。他认为，21世纪中国遇到的种种挑战中，居首位的就是城市化。从上述分析结果足以证明，城市化的标志就是农民市民化。而要改变农民的身份，必须尽快改变城乡二元结构，取消原有固化的城乡分割体制，逐步放宽新生代农民工进城就业和定居的条件，使他们最终能够在城市安居乐业。

5. 坚持就地和异地转移相结合的灵活原则

农村劳动力转移按其目标、地域可分为就地转移和异地转移两种，这是产业转型升级的两种最主要途径。目前，中国2亿8652万农民工改变了农民身份，不仅实现了自身职业身份的转变，也为国家创造了更多财富。研究发现，他们转移的地区的远近，一般来说与他们文化程度相关。朱农（2005）认为，"对农村人口来说，文化程度越高，其迁出倾向越低。因为，农村中文化程度较高的劳动力，他们自身有着一定的优势，已经处于较好的位置，如，当上干部、教师、技术人员等，因此其迁移倾向较弱。"前些年，跨地区的远距离的流动形式，成为农村劳动力转移的主要形式，对我国中西部地区来讲更是如此。但近年来，随着乡镇企业、县域经济的发展，特别受人力资本、农民工家庭情感以及留守儿童教育等方面的因素影响，农民工出现就地、就近转移的趋势。据国家统计局2018年4月27日发布的《2017年农民工监测调查报告》显示："东部地区农民工1亿430万人，比上年增加30万人，增长0.3%，占农民工总量的36.4%；中部地区农民工9450万人，比上年增加171万人，增长1.8%，占农民工总量的33%；西部地区农民工7814万人，比上年增加251万人，增长3.3%，占农民工总量的27.3%；东北地区农民工958万人，比上年增加29万人,增长3.1%,占农民工总量的3.3%。西部地区农民工人数增长明显快于其他地区,西部地区农民工增量占新增农民工的52.2%。而2011年中西部地区农民工人数增长快于东部地区。""东部地区农民工1亿790万人,比上年增加323万人,增长3.1%,东部地区农民工占农民工总量的42.7%;中部地区农民工7942万人,比上年增加323万人,增长4.2%,中部地区农民工占农民工总量的31.4%;西部地区农民工6546万人,比上年增加409万人,增长6.7%,西部地区农民工占农民工总量的25.9%。"数据显示,西部地区农民工人数增长最快,吸纳能力逐步增强。目前,在我国有2000多个县、1万6000多个镇,如果这些县、镇都建设成为了"新县镇",就可以容纳数以亿计的新生代农民工及其家属转移、搬迁,成为"新市民"。因为城市化并非所有的农业人口都进入大中城市,在目前我国大城市已经面临饱和的情况下,通过大力发展乡镇企业和县域经济,促进农村富余劳动力就地、就近转移,在未来长期发展过程中仍是中国农村剩余劳动力转移的一条不可忽视的重要渠道。据调查,广东、浙江、江苏、山东等一些经济发达省份,农村劳动力就地、就近转移已经占到了90%。因此,在城市化进程中,鼓励农民进入大中城市就业的同时,应该大力发展乡镇企业,不断壮大县域经济,为新生代农民工就地、就近转移就业创造条件。

6. 坚持着力解决生存发展问题的效益原则

新生代农民工融入城市涉及方方面面的问题,而解决这些问题又会受到主观、客观各方面因素的制约,这就意味着新生代农民工融入城市不可能一蹴而就,而是有着一定的历史过程。然而,解决新生代农民工问题,在坚持上述原则的同时,还要坚持效率原则。目前新生代农民工受歧视和权益保障缺失等问题非常突出,如果不尽快解决,不仅影响农民工自身的生存、发展,还将影响我国经济社会的发展,社会的和谐与稳定。因此,解决新生代农民工问题既要稳妥,同时又要讲求一定的效率,对于目前难以解决的问题也不能忽视、放弃,要尽快明确方向和解决的思路,为探索今后进一步解决办法奠定基础。

第二章　新生代农民工融入城市状况及显著特征

第一节　新生代农民工融入城市状况

一　新生代农民工基本情况

（一）数量规模化

如前所述，新生代农民工数量大，占外出农民工的六成以上。据国家统计局2017年公布的数据，截止2017年末，"我国农民工总量达到2亿8652万人，比上年增加481万人，增长1.7%，增速比上年加快0.2个百分点。其中，外出农民工1亿7185万人，比上年增加251万人，增长1.5%，增速较上年提高1.2个百分点。本地农民工增量占新增农民工的88.2%；本地农民工1亿1467万人，比上年增加230万人，增长2.0%，增速仍快于外出农民工增速。在外出农民工中，进城农民工1亿3585万人，比上年减少157万人，下降1.1%。"[1] 由此可见，新生代农民工数量持续增加。

（二）年龄低龄化

新生代农民工年龄小，多数在21—25岁之间（见表2-1）。据全国总工会《关于新生代农民工问题研究报告》显示，新生代农民工的平均年龄为23岁左右，初次外出务工年龄"80后"平均为18岁，"90后"平均只有16岁。这说明新生代农民工一离开初中或高

---

[1] 国家统计局《2017年农民工监测调查报告》，2018年4月27日，国家统计局网站（http://www.stats.gov.cn/）。

中校门就开始出来务工，趋于低龄化。

表2-1　　　　　　　　农民工年龄分布

年龄（岁）	频数	百分比（%）
16—20	58	13.9
21—25	261	62.7
26—30	80	19.3
31—32	17	4.1
总计	416	100

（三）性别女性化

新生代农民工女性多（见表2-2），且务工年限与性别相关。据国家统计局《2017年农民工监测调查报告》显示："在全部农民工中，男性占65.6%，女性占34.4%。其中，外出农民工中男性占68.7%，女性占31.3%；本地农民工中男性占62.2%，女性占37.4%。本地农民工中女性占比比上年提高0.2个百分点。"[①] 这主要是由于本地农民工在农民工总量中占比继续提高，而本地女性农民工占比较高所致。

表2-2　　　　　　　　农民工性别分布

性别	频数	百分比（%）
男	228	54.81
女	158	37.98
总计	416	100

（四）学历高层化

新生代农民工的文化水平无论怎样，但学历层次已明显提高。他

---

① 国家统计局《2017年农民工监测调查报告》，2018年4月27日，国家统计局网站（http：//www.stats.gov.cn/）。

们中绝大多数为初中、高中毕业（见表2-3），还有少部分是高等、中等院校的大中专毕业生。据国家统计局《2017年农民工监测调查报告》显示："农民工中，未上过学的占1%，小学文化程度占13%，初中文化程度占58.6%，高中文化程度占17.1%，大专及以上占10.3%。大专及以上文化程度农民工所占比重比上年提高0.9个百分点。其中，外出农民工中，大专及以上文化程度的占13.5%，比上年提高1.6个百分点；本地农民工中，大专及以上文化程度的占7.4%，比上年提高0.3个百分点。另据有关部门调查，拥有中专（中技、职高）、大专（或高职）、大学本科及以上受教育经历的比重分别是传统农民工的1.6倍、2倍与2.3倍。"[1]

表2-3　　　　　　　　农民工学历状况分布

学历	频数	百分比（%）
初中以下	64	15.3
初中程度	128	30.8
高中及中专程度	177	42.6
大专及以上	47	11.3
总计	416	100

（五）婚姻趋于正常化

2010年左右新生代农民工基本上是一个未婚群体（见表2-4），这意味着，这一年轻群体要在务工期间解决从恋爱、结婚、生育到子女上学等一系列人生重要问题，这与外出期间80%已成家的上一代农民工相比差别很大，这是考察新生代农民工问题不可忽略的方面。[2]不过在党中央高度重视下，这一问题正得到逐步解决。如国家统计局发布的《2017年农民工监测调查报告》显示："在全部农民工中，未

---

[1] 国家统计局《2017年农民工监测调查报告》，2018年4月27日，国家统计局网站（http://www.stats.gov.cn/）。

[2] 张慧、郝勇：《基于SWAT分析的新生代农民工市民化路径研究》，《劳动保障世界》2010年第9期。

婚的占19.8%，有配偶的占77.8%，与上年基本持平。外出农民工有配偶的占64.5%，比本地农民工低25.7个百分点，但占比提高较快。"①

表2-4　　　　　　　农民工婚姻状况分布（2012）

婚姻状况	频数	百分比（%）
未婚	322	77.5
已婚	88	21.1
分居	6	1.4
总计	416	100

二　两代农民工差异比较

改革开放以来，在我国出现了上一代与新生代两代农民工群体，他们均为城市经济社会发展作出了巨大贡献，他们的辛勤付出已经得到一定程度的认可。近年来，党和政府高度重视这个群体，学界对农民工群体的生存发展等问题也进行了深入研究，但迄今为止，他们中的相当一部分仍和父辈一样是一种农民不是农民，工人不是工人，身份不明的人。而且这种身份仍旧影响着他们的就业、户籍、子女入学、保障待遇、损害赔偿等各方面。并且两者的"弱势群体"、"二等公民"的地位仍然具有相似之处。然而，由于社会经济的发展，社会的变迁，势必造成两代农民工的巨大差异，他们尽管户籍上都深深地烙着"农民"二字，但是他们不仅成长环境、个人特征、就业情况、与家乡的联系、流动模式不同（见表2-5），而且其人生观、价值观、生活方式等亦有着很大差别。具体体现为以下四个方面。

（一）人生轨迹不同

上一代农民工出生在贫穷的农村，青少年时代也在农村生活，初中、高中毕业在农村务农，后来进城打工，40、50岁后一般又返乡。

---

① 国家统计局《2017年农民工监测调查报告》，2018年4月27日，国家统计局网站（http://www.stats.gov.cn/）。

新生代农民工生在农村或城市（随父母进城打工），在农村或城市上学，高中或大学毕业后外出打工。正如前所述，新生代农民工由两部分构成，一部分是自幼随父母打工在城里或出生在城里；另一部分是初中、高中毕业后进城打工。可见，新生代农民工无论是哪部分基本都是具有劳动能力后一直在城市，多数目前是不愿再回到农村。

（二）文化程度不同

上一代农民工文化程度较低，一般只有初中、小学文化程度，甚至是文盲，高中以上很少，中等、高等学历根本没有。因上一代农民工大多出生在50、60年代。改革开放初期，"科学的春天"来临之际，每年只有几乎是百里挑一的佼佼者被大学录取。当时一旦考取中等以上院校，在计划经济包分配的年代，毕业后不论来自何处，都会有一份至今令人羡慕的体面工作。当年的大学生别说是务农，就连当工人的都不存在，更谈不上所谓的农民工。然而，如今的新生代农民工则不同，他们多数有一定的文化基础，掌握一定的生存技能，甚至大专以上学历所占比例竟然超过13.5%，现已成为当代农民工队伍的一大"景观"。据国家统计局《2017年农民工监测调查报告》显示，初中文化程度占58.6%，高中文化程度占17.1%，大专及以上占10.3%。大专及以上文化程度农民工所占比重比上年提高0.9个百分点。其中，外出农民工中大专及以上文化程度的占13.5%，比上年提高1.6个百分点；本地农民工中大专及以上文化程度的占7.4%，比上年提高0.3个百分点。此外，在职业培训方面，该报告显示，接受过农业和非农职业技能培训的农民工占32.9%，与上年基本持平。其中，接受非农职业技能培训的占30.6%，接受过农业技能培训的占9.5%，可见，青年农民工接受非农职业技能培训的比例要高于年长的农民工。

（三）就业观念不同

老一代农民工由于缺乏专门技术，职业选择空间较小，多数在建筑业以从事体力劳动为主。新生代农民工大多有高中以上学历，从事的职业一般来说有一定的科技含量，发展前景较好，他们具有职业选择的愿望和一定的资本。正如《全国总工会关于新生代农民工问题研究》写到的"用他们的话来说,那种工资不高、吃住不包、合同不签、保险不上、发展(机会)不大的单位,只有傻瓜才去。他们就业选择不仅看重硬件——工资,更看中软件——福利待遇、工厂环境、企业声望乃至发展机会等。"

表2-5　　　　　新生代农民工与第一代农民工差异比较

比较特征		第一代农民工	新生代农民工
成长环境	社会环境	改革开放前	改革开放后
	家庭环境	多子女家庭	独生子女或两子女家庭
个人特征	出生年代	出生于1980年之前	出生于1980年之后
	文化程度	初中文化为主	高中以上为主
	婚姻状况	大部分已婚	大部分未婚
就业情况	打工主要目的	为家庭,求生存为主	为自己,追求有尊严生活
	工作期望	收入多于务农所得	向往体面工作
与家乡关系	务农经验	有比较丰富的务农经验	缺乏务农经验
	与家乡经济联系	较强,收入大量转移回农村	较弱,收入较少转移回农村,用途多样
城市适应性	对城市的认同感	较弱	较强
	与外界联系方式	口信、书信为主	电话、网络为主
	生活方式	传统农民的生活为主导	与现代市民相似
流动模式	流动的驱动力	农村推力	城市拉力
	长期规划	中年以后返乡劳动	不愿返乡务农

(四)生活方式不同

上一代农民工外出打工或就业的基本思路是先解决生存问题,即有饭吃、有衣穿,然后再考虑发展致富,他们中很少有人考虑享受问题。他们一辈子辛苦劳累,在城市挣钱,回农村盖房,原本在银行有些存款,但仍然在城市奔波奋斗,节衣缩食,更舍不得去"潇洒"一回,"娱乐"一把,甚至有的从来没有去过歌厅、茶楼、西餐厅等中高档消费之处。新生代农民工则不同,他们敢于追求现代的城市生活方式,物质和精神生活要像城里人一样,享受上网、聚餐、运动、休闲购物、看电影,甚至旅游等丰富多彩的都市生活,而很少寄钱回家。因此,很多专家学者认为,新生代农民工是"娇子农民工""月光族""啃老族"。

第二节 新生代农民工的显著特征

一 新生代农民工显著特征的学术争鸣

近年来,关注新生代农民工弱势群体特征问题的学者较多,他们从各个不同方面、不同角度对这一问题进行了归纳,概括起来有以下几种学说:

(一)三特征说

有的学者认为,文化程度提高;市民化愿望强烈;生活方式与市民接近是新生代农民工的主要特征(张慧、郝勇,2010)。有的学者从社会公正角度来研究,认为政治公正方面,要求政治参与权及意见表达权;经济公正方面,追求就业平等和社会保障的权利;教育公正方面,要求自身文化的进步和子女的受教育权(张晓涵,2011),并认为,这三方面权利状况及如何实现问题是新生代农民工的主要特征。胡杰成(2015)认为边缘化、半市民化、准市民化,这是新生代农民工的主要特征。

(二)四特征说

有的学者认为,新生代农民工主要特征有,队伍庞大,成为农民工阶层主体;怀揣梦想,融入愿望强烈;文化偏低,导致新生代农民工进城就业难;体制藩篱,新生代农民工容易产生心理失衡(邓秀华,2011)。有的认为主要受教育程度高;职业期望值高;物质和精神享受要求高;工作耐受力低(李根寿,2008)。宋虎林认为,对待工作的态度不同于以往;文化素质提高,权利意识增强;消费观念转变;吃苦耐劳精神欠缺(宋虎林,2010)。李涛(2009)认为,主动融入城市的渴望强烈;文化程度明显提高;务农经历短;职业变换多且快。孟小妹(2014)认为,年龄轻,未婚率高;受教育程度高;务农经历短;外出动机是为改变生活方式和寻求更好发展机会。

全国总工会新生代农民工问题课题组的观点也属于这种。他们认为，新生代农民工身上呈现出四大群体性特征——时代性、发展性、双重性和边缘性。①

（三）五特征说

有学者认为，新生代农民工主要特征有：受教育程度相对较高；生活目标明显转移；生活方式趋同于城市同龄人；消费观念更加开放；权利意识日益增强。

（四）六特征说

深圳市新生代农民工生存状况调查报告中指出，来源广泛，平均年龄23.7岁，70%为未婚，女性比例高于男性，受教育程度较高；劳动合同签订率高，合同期限短期化，从事制造业、服务业的多，从事建筑业的少，多在民营企业工作，工作岗位偏低、就业稳定性差，职业安全健康存在隐患；新生代农民工仍然属于吃苦耐劳型，收入和消费均低于老一代农民工，一半以上有储蓄习惯，具有强烈的家庭责任感；将近一半居住在集体宿舍，社会交往乡缘化，网络成为业余生活的主要部分，恋爱观念传统，恋爱方式更加自由；打工目的是经济型和发展型兼有，更注重未来发展，具有强烈的创业意识，渴求多方面的培训；大多数没有务农经历，渴望城市生活，对未来充满信心，希望获得平等的政治权利，认可工会的积极作用对政府充满期待。②

二 新生代农民工显著特征的具体表现

目前学术界主流观点将新生代农民工的特点概括为"三高一低"，即受教育程度高，职业期望值高，物质和精神享受要求高，工作耐受力低。但我认为，新生代农民工与上一代农民工的区别不仅不止如此，他们在思想观念、价值追求、文化素质、法律意识乃至人生态度等方面也都有自己的特征，这些特征与其处境有一定联系。只有科学认识并准确把握新生代民工的特征，搞清其当前所面临的突出问题，

---

① 全国总工会新生代农民工问题课题组：《关于新生代农民工问题的研究报告》，《工人日报》2010年6月21日。

② 《深圳市新生代农民工生存状况调查报告》，深圳市人民政府，2010年7月15日。

采取的措施才能有针对性。笔者认为，新生代农民工的显著特征应该概括为下面"五化"。

(一) 进城动机多元化

改革开放后人们的生活水平普遍提高，对于20世纪80年代后出生并成长起来的新生代农民工来说也是如此，他们不仅有着比上一代更为优越的物质生活条件，而且随着社会的发展、时代的变迁，其生活方式、生活目标也与父辈显著不同。尽管他们有的出生在农村，但由于各种原因他们中的绝大多数没有过多的农村生活经历，没有务农经验，基本没有乡土气息，他们最强烈的愿望就是融入城市。据调查，50岁以上的农民工只有15%的人想在城市定居，40—50岁的为21%，30—40岁的为37%，20—30岁的为45%。有学者调查，20岁以下想在城市定居的高达61%。[①] 然而，他们融入城市的动机却是多元的。在市场经济环境下成长起来的新生代农民工，他们外出打工的动机与父辈明显不同。他们不仅向往城市较为优越的物质生活，更向往目前农村达不到的城市高品位的精神生活。据课题组调查，18.8%的新生代农民工进城是以挣钱为目的；60.8%新生代农民工进城是为了锻炼自己，见见世面，学手艺；而另外20.4%新生代农民工进城就是为了享受生活。

(二) 职业要求现代化

随着我国义务教育的普及，新生代农民工的学历状况有所改变，他们不仅多数为初中、高中毕业生，甚至还有少部分是高等、中等院校的大中专毕业生。据国家统计局最新统计数据显示，新生代农民工受教育水平明显提高，由于受教育水平较高，决定了他们具有较高的职业期望值和较大的职业选择权，他们更向往待遇高、环境好、条件优越的工作，而不像父辈那样因没文化而迫不得已的从事又脏、又苦、又累的工作。据国家统计局早在2009年统计数据显示，外出农民工中从事制造业、服务业和建筑业比重分别为39.1%、25.5%和17.3%；而2004年外出农民工中从事制造业、服务业和建筑业的比

---

① 吴漾：《论新生代农民工的特点》，《东岳论丛》2009年第8期。

重分别为33.3%、21.7%和22.9%。"[①] 数据对比可以发现，5年间制造业和服务业分别上升了5.8和3.8个百分点，建筑业则下降了5.6个百分点。而据国家统计局2012年4月27日发布的《2011年农民工监测调查报告》显示，农民工从业仍以制造业、建筑业和服务业为主，从事建筑业的比重与2009年相比有所提高。在农民工中，从事制造业的比重最大，占36%，其次是建筑业占17.7%，服务业占12.2%，批发零售业占10.1%，交通运输、仓储和邮政业占6.6%，住宿餐饮业占5.3%。另据国家统计局2017年4月发布的《2016年农民工监测调查报告》显示："从事第二产业的农民工比重为52.9%，比上年下降2.2个百分点。其中，从事制造业的农民工比重为30.5%，比上年下降0.6个百分点；从事建筑业的农民工比重为19.7%，比上年下降1.4个百分点。从事第三产业的农民工比重为46.7%，比上年提高2.2个百分点。其中，从事批发和零售业的农民工比重为12.3%，比上年提高0.4个百分点；从事居民服务、修理和其他服务业的农民工比重为11.1%，比上年提高0.5个百分点。从事制造业和建筑业的农民工比重下降明显。"[②] 从上述三组数据看，农民工从业不再以制造业、建筑业为主，在农民工中，从事第三产业的比重最大，占46.7%。从上述三组数据看，变化较明显的是建筑业与服务业，农民工从事制造业的比重趋于下降，从事服务业的比重趋于上升。由于新生代农民工具有较高的职业期望值，致使其频繁调换工作岗位的情况较为普遍，职业稳定性不强。

（三）权利主张国际化

目前随着我国经济社会的快速发展，人们的物质文化水平显著提高，这使得新生代农民工的需求层次也发生了转变。他们中的绝大多数已经不仅把进城务工当作生存的出路，而认为这是一条实现自我发展的最佳途径。还有相当一部分新生代农民工就业时不单单是注重工资待遇，而是更加注重长远发展和自身权利的实现。他们进城的目的

[①] 国家统计局《2016年农民工监测调查报告》，2017年4月28日，国家统计局网站（http://www.stats.gov.cn/）。

[②] 同上。

就是能够像城里人一样实现体面劳动，能够有尊严的生活。他们已从单纯地追求基本的物质生活向追求高品位的精神生活及人格尊严方面转变。近年来，随着我国现代技术的进步及普法教育的深入，他们能够迅速快捷地接受现代文明的熏陶，并且成为城市文明的传播者，具有了现代权利意识和平等观念。如广东安道集团"80后"女工何雪青曾回答《半月谈》记者时说："作为新生代农民工，我们不会一切逆来顺受，一样可以向老板提出自己的意见和想法。""我觉得我的工作内容增多了，负担也比过去重，在春节前，我就和公司领导提出要加工资，这是我应得的报酬。领导虽然是我们的上级，但在工作中我们是合作的关系，不是强制命令。"① 尽管有一部分新生代农民工与上一代农民工一样，在权利受到侵犯时往往忍气吞声。但对于大多数新生代农民工而言，其首选的维权方式是在与单位沟通不成时选择法律援助。

（四）身份地位边缘化

目前，我国经济社会不断发展，城市进一步繁荣，但新生代农民工的身份地位并未随之改变，他们与父辈一样仍然是农民的身份而从事工人的职业。他们在城市中难以从事体面的工作，获取较高收入，过上有尊严的生活，被城里人看作"边缘一族"。然而，他们这种处境却被相当一部分学者认为是缺少吃苦耐劳精神的一代，并视其为重要特征之一。对此，笔者不敢苟同。其实，与上一代农民工相比，新生代农民工依然具有很强的吃苦耐劳精神。首先，从新生代农民工外出动因看，他们在心理上已经做好了吃苦的准备。近年来，关于我国农村流动人口的外出动因，社会学，经济学和人口学等学科都有过许多实证调查和理论探讨。有的学者认为，我国农民外出务工是生存理性的选择；有的学者认为，由于我国农村存在大量的剩余劳动力，他们不得不到外部社会寻找就业机会和出路；有的认为，人口多、压力大是农民外出的真正原因；还有的学者认为，不能仅仅从劳动力剩余的角度来解释目前我国大规模的"民工潮"，农村大量剩余劳动力的

---

① 《一亿新生代农民工深度撞击"城市化"中国》，《半月谈》2006年6月8日。

存在而造成的普遍贫困化才是人口外出的真正原因。其实，农村的普遍贫困，是大量农业人口外出务工不可否认的事实。我们试想一下，假若我们现在的农村是奔驰、宝马的生产基地，或像"华西村"一样富裕，新生代农村人口还会到城里来吗？其次，从新生代农民工的现实处境看，他们仍具有吃苦耐劳精神。到目前为止，新生代农民工仍然干的是最苦、最累、最脏、挣钱最少的工作，与有的城里人相比，他们在经济上、政治上受到不平等待遇。他们与其父辈一样，仍然面临着整体收入偏低、工作稳定性差、社会保障水平偏低、企业人文关怀不到位等问题。再次，从劳动强度、职业安全隐患看，他们仍具有很强的毅力和克服困难的勇气。武汉大学人口资源环境经济研究中心与英国 Bristol 大学地理学院王雯菲博士合作，于 2008 年 12 月对武汉市进城农民工的生活和工作状况进行了一次样本总量为 1100 人的问卷调查显示，每周工作 7 天的新生代农民工比例 72.5%，每天工作 10 小时及以上的新生代农民工占 50.4%。农民工年从业时间平均为 10 个月，月从业时间平均为 24.9 天，日从业时间平均为 8.5 个小时，均与上年持平。日从业时间超过 8 小时的农民工占 64.4%，周从业时间超过 44 小时的农民工占 78.4%，分别比上年下降 0.4 和 1 个百分点。而且职业安全隐患较多。据全国总工会曾发布的《关于新生代农民工问题的调查报告》显示，36.5% 的新生代农民工面临高温、低温作业问题，41.3% 的人工作环境中存在噪音污染，36% 的人工作环境存在容易伤及肢体的机械故障隐患，存在粉尘污染问题的为 34.7%，这样的劳动强度和职业安全隐患已经导致一些新生代农民工患上了肺心、尘肺等职业病。近年来上述状况有所改变，但仍然存在。可见，新生代农民工在很大程度上仍有吃苦耐劳精神，而且其程度不比老一代农民工差。

（五）心理承受脆弱化

尽管新生代农民工的权利意识、权利诉求有所强化，但是他们对权利认知尚未明确，在一定程度上对权利还处于意识模糊状态，缺少追求自身权利的理性，不能正确运用法律的手段维护自身的合法权利。由于缺少知识、缺乏理性，加上新生代农民工自身心理承受力相对较弱，当他们与城里人相比较发现其地位等各方面有差距时，脆弱的心理难以接受，往往会产生被歧视的感觉。久而久之，在这种扭曲的心理驱动下，相当一部分人行为失范，危害社会，最后走上犯罪道路。据调查，近年来我国新生代农民工犯罪率仍然较高。如某省某监狱对2006年至2010年每年入监服刑罪犯进行统计，新生代农民工实施犯罪的占当年新入监服刑罪犯的一半以上，有些年份竟占到七成以上。据2010年11月扬州市中级人民法院发布的新生代农民工犯罪的报告显示，2008年度和2009年度，扬州三成的刑事案件罪犯是新生代农民工。据上海闵行区公安局调查显示，新生代农民工已经成为当前违法犯罪的主体，2009年抓获的违法犯罪人员中1980年以后出生的竟占55.3%[①]。另据山西新闻网—山西农民报（2014-08-15）报道，致诚公益2012—2013年度办结的农民工刑事法律援助案件的84名犯罪嫌疑人或被告人中，18—29岁之间的犯罪嫌疑人或被告人46名，比例最高，占总数的54.8%；在所有被援助的当事人中，40岁以下的犯罪嫌疑人或被告人共68名，占总数的81%。该报道指出，农民工犯罪很多属于维权自救性犯罪，就是指当农民工的生存、发展受到威胁或合法权益遭受侵害时，在维权无果或上告无门后，不得已以犯罪的手段来维护自己的权利或权益。据有关部门统计目前流动人口犯罪比例已占到全国各地犯罪总数的80%以上。流动人口犯罪存在高犯罪率、高逮捕率、高羁押率的"三高"现象，而且新生代农民工犯罪率不断攀升凸显新生代农民工问题的重要性。

---

① 李建华、郭青：《新生代农民工特点分析与政策建议》，《农业经济问题》2011年第3期。

第三章 新生代农民工的经济融入

新生代农民工融入城市首要的重点问题是经济融入,这已被西方迁移理论所证实。在西方迁移理论中,经济因素被认为是影响人们迁移决策的重要因素。当前,在我国城镇化进程中,经济融入是新生代农民工融入城市的关键。

第一节 新生代农民工的劳动就业

一 新生代农民工劳动就业现状

(一)新生代农民工劳动就业现状评述

新生代农民工经济融入中最突出的是他们的劳动就业问题。从21世纪开始,党中央、国务院高度重视这一特殊群体的就业问题,并逐渐完善了对农民工的就业政策,出台了相关法律。如2008年1月1日实施的《中华人民共和国劳动合同法》,将农民工和城镇职工放在同等的劳动主体上看待,开辟了劳动立法史上的新篇章。此外,该法规定的三方谈判机制,使得农民工在法律上的地位有所提高。同年实施的《中华人民共和国就业促进法》也明确规定了农村劳动者进城就业享有与城镇劳动者平等的劳动权利。然而,时至今日,新生代农民工"就业难"状况仍未得到解决,亟须深入研究并采取有效措施予以解决。新生代农民工经济融入主要包括劳动就业、劳动报酬等方面。

(二)新生代农民工劳动就业现状具体表现

1. 新生代农民工流入多数集中在东部或地级以上地区问题尚未

彻底解决。2011—2016年的五年间,新生代农民工就业区域与上一代农民工一样有着相同特点,多数集中在东部或地级以上地区。2010年第六次人口普查显示,约四成的流动人口居住在特大城市和超大城市,约17%的流动人口居住在较大城市,而仅有约10%的流动人口居住在完全没有落户限制的小城镇。而且"六普"之后,流动人口向大城市持续集中的趋势越发明显。国家卫计委发布的《中国流动人口发展报告(2016)》显示,由于特大城市的收入水平高、公共资源丰富,前十位的城市集中了1/3的流动人口。事实上,由于流动人口增量难以提高,以及大城市在科技创新、交通通达、信息交流、国际竞争、文化影响、人力资源等方面对流动人口的强劲吸引力,流动人口空间分布仍将高度集中的趋势短期内不会改变。国家统计局2016年发布的《2015年农民工监测调查报告》显示,流入地级以上城市的农民工比重继续上升。在外出农民工中,流入地级以上城市的农民工1亿1190万人,占外出农民工总量的66.3%,其中,8.6%流入直辖市,22.6%流入省会城市,35.1%流入地级市。从输出地看,东部地区农民工1亿400万人,比上年增加100万人,增长1%,占农民工总量的36.9%;中部地区农民工9279万人,比上年增加105万人,增长1.1%,占农民工总量的32.9%;从输入地看,在东部地区务工农民工1亿5960万人,比上年减少48万人,下降0.3%,占农民工总量的56.7%(见表3-1)。

表3-1　　　农民工在输出地和输入地的区域分布　　　单位:万人、%

	2015年	2016年	增量	增速
按输出地分:				
东部地区	10300	10400	100	1.0
中部地区	9174	9279	105	1.1
西部地区	7378	7563	185	2.5
东北地区	895	929	34	3.8

续表

	2015 年	2016 年	增量	增速
按输入地分：				
东部地区	16008	15960	-48	-0.3
中部地区	5599	5746	147	2.6
西部地区	5209	5484	275	5.3
东北地区	859	904	45	5.2
其他地区	72	77	5	6.9

注：其他地区指港、澳、台及国外。

尽管《2017年农民工监测调查报告》显示，在农民工中，外出农民工增速呈逐年回落趋势，近六年的增速分别为3.4%、3%、1.7%、1.3%、0.4%和0.3%。外出农民工占农民工总量的比重也由2011年的62.8%逐渐下降到2016年的60.1%（见图3-1），但如此庞大的农民工队伍最终要融入地级以上大中城市是不现实、不可能的，也与国家提出的其城市融入的宗旨不符。

	2011年	2012年	2013年	2014年	2015年	2016年
占比	62.8	62.2	61.8	61.4	60.8	60.1
增速	3.4	3	1.7	1.3	0.4	0.3

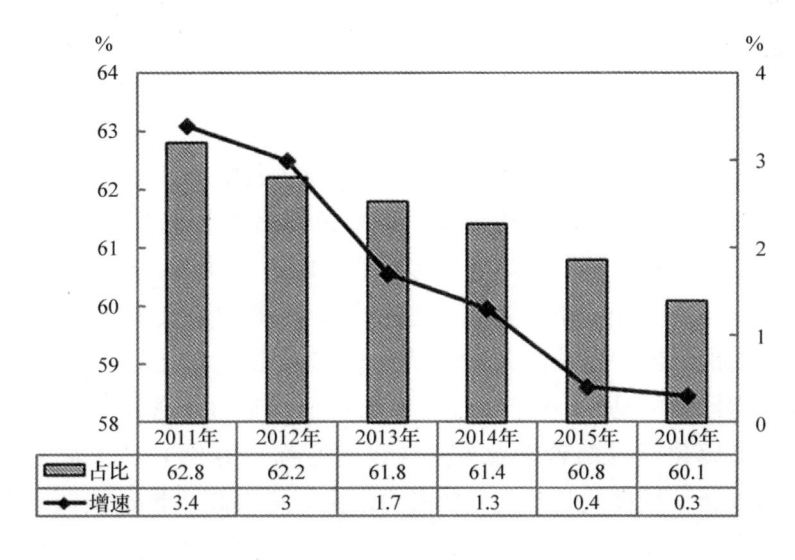

图 3-1

资料来源：国家统计局。

2. 新生代农民工就业路径大多仍是由"同乡和亲友介绍"。目前我国劳动力市场从总体来说还是供大于求，在这种情况下，新生代农民工在获取就业机会时，最重要的渠道与传统农民工在获取就业机会一样，大多是由"同乡和亲友介绍"。据调查，由"同乡和亲友介绍"求到职位的为52.2%；通过"中介机构或参加人才交流会"找到职位的为13.1%；"自己到单位或打电话询问"求职的为10.6%。可见，新生代农民工就业的主要途径是"熟人介绍、老乡介绍、亲属介绍"，这种途径所占比例最高，这与传统农民工原始的就业方式没有太大区别。

3. 新生代农民工多数没有自身的职业规划。现阶段，新生代农民工择业呈现出盲目性，突出表现为缺少职业规划。据《半月谈》社情民意调查中心调查显示，新生代农民工参加工作的平均年限接近6年（5.96年）。可以粗略推断新生代农民工初次外出务工的年龄在20岁左右，这与传统农民工初次务工的平均年龄26岁（引自全国总工会的调查）有大幅度的提前。据调查，16—20岁的被访者比例达到10.1%。而且很多20岁左右（19.6%）的青年对未来的工作没有预期，表示"我没有打算"。这种不确定性，一方面导致他们在结束上一份工作后，一段时间内容易落入失业状态；另一方面导致他们的职业发展规划缺失。[①]

4. 职业技能水平低于传统农民工。新生代农民工与上一代农民工相比，文化程度明显提高，然而职业技能水平却低于传统农民工。当前劳动力市场亟须的是具有一定职业技能的劳动者，这部分人在新生代农民工中只占30%左右。这就意味着在新生代农民工中还有70%左右的人因职业技能欠缺，致使稳定就业成为较为严重的问题。不过值得欣慰的是2016年2月国务院今日发布《国务院关于深入推进新型城镇化建设的若干意见》（以下简称《意见》），《意见》指出，发展新型城镇化是现代化的必由之路，需要积极推进城镇基本公

[①] 《新生代农民工十大最新动态》，2011年7月15日，信息化与新农村信息网（baike. so. com/doc/303320）。

共服务常住人口全覆盖，组织实施农民工职业技能提升计划，每年培训 2000 万人次以上。目前，该计划正在落实中。

5. 就业于第三产业的比例有所提高。据国家统计局发布的《2017 年农民工监测调查报告》显示："从事第二产业的农民工比重为 51.5%，比上年下降 1.4 个百分点。其中，从事制造业的农民工比重为 29.9%，比上年下降 0.6 个百分点；从事建筑业的农民工比重为 18.9%，比上年下降 0.8 个百分点。从事第三产业的农民工比重为 48%，比上年提高 1.3 个百分点。其中，从事批发和零售业的农民工比重为 12.3%，与上年持平；从事居民服务、修理和其他服务业的农民工比重为 11.3%，比上年提高 0.2 个百分点。"[1]

二 新生代农民工劳动就业存在的主要问题

（一）新生代农民工劳动就业存在主要问题的客观评价

近年来，在党中央的高度重视下，以往新生代农民工在劳动就业方面存在的问题有些已经得到解决。如超时劳动情况目前已经有所改善。据国家统计局发布的《2016 年农民工监测调查报告》显示："农民工年从业时间平均为 10 个月，月从业时间平均为 24.9 天，日从业时间平均为 8.5 个小时，均与上年持平。日从业时间超过 8 小时的农民工占 64.4%，周从业时间超过 44 小时的农民工占 78.4%，分别比上年下降 0.4 和 1 个百分点。"[2] 尽管如此，目前，新生代农民工在劳动就业方面还存在一些不容忽视的问题。

（二）新生代农民工劳动就业存在主要问题表现

1. 就业受到歧视。当前，在劳动就业领域，劳动就业歧视使新生代农民工成为城市社会的弱势群体。而这种歧视更多来自于制度体制之上。其中制度规则不完善和政府调控力度不足是其主要原因。如我国 1995 年实施的《中华人民共和国劳动法》规定："劳动者依法

---

[1] 国家统计局《2017 年农民工监测调查报告》，2018 年 4 月 27 日，国家统计局网站（http://www.stats.gov.cn/）。

[2] 国家统计局《2016 年农民工监测调查报告》，2017 年 4 月 28 日，国家统计局网站（http://www.stats.gov.cn/）。

享有平等就业和自主择业的权利,劳动者就业,不因民族、种族、性别、宗教信仰等不同而受歧视。"① 表面上看是强调了劳动权利平等,但却缺少"身份"歧视的内容。2008 年实施《中华人民共和国就业促进法》规定:"农村劳动者进城就业享有与城镇劳动者平等的劳动权利,不得对农村劳动者进城就业设置歧视性限制。""实施就业歧视的,劳动者可以向人民法院提起诉讼。"尽管《中华人民共和国就业促进法》规定了不允许对农民工进行"身份"歧视的内容及相应的救济手段,但由于没有明确规定具体的"法律责任",致使侵害新生代农民工劳动就业权利的情况时有发生。如,有的城市通过制定政策对农民工进行总量控制,有的城市在劳动力市场竞争激烈的情况下,为了提高城市就业率,竟然采取"腾笼换鸟"的做法,还有的尽管容纳了新生代农民工在城市就业,但是其就业岗位的性质基本是劳动强度大,劳动时间长,收入低,环境差的低等级的职位。特别是时至今日,就业歧视现象尚未得到劳动监察部门应有的重视。如 2004 年国务院制定的《劳动保障监察条例》没有将就业歧视明确规定在劳动保障监察事项之中。在目前户籍制度尚未完全消除的情况下,新生代农民工还是常常是因为没有城市户籍而被剥夺了平等就业的机会。

2. 就业领域狭窄。近年来,国家加大了农民工职业技能培训力度。2003 年 9 月,国务院办公厅下发了由农业部、劳动保障部、教育部、科技部、建设部和财政部六部委共同制定的《2003—2010 年全国农民工培训规划》。2004 年,农业部、财政部、劳动和社会保障部、教育部、科技部和建设部共同组织实施"农村劳动力转移培训阳光工程"(简称为"阳光工程")。2006 年 4 月,劳动保障部和国家开发银行联合下发《关于实施农民工培训示范基地建设工程的通知》,决定共同组织实施"农民工培训示范基地建设工程"。2006 年 9 月,共青团中央办公厅出台了《进城务工优秀青年培训计划》,实施了"进城务工青年发展计划——强村实践活动"。2016 年全国总工

---

① 《中华人民共和国劳动法》,2008 年 1 月 1 日,百度网(https://baike.so.com)。

第三章 新生代农民工的经济融入　71

会已印发了《中华全国总工会农民工工作规划（2016—2020年）》，"围绕农民工组织化水平、合法权益保障、农民工素质水平提升、农民工市民化等方面，提出了20多项措施"[1]。但目前农民工职业技能培训不仅培训比例小，而且培训的针对性还有待于提高。据国家统计局《2016年农民工监测调查报告》显示，在农民工中，接受过农业和非农职业技能培训的农民工占32.9%，比上年下降0.2个百分点。其中，接受非农职业技能培训的占30.7%，接受过农业技能培训的占8.7%，均与上年持平；农业和非农职业技能培训都参加过的占6.5%，比上年提高0.2个百分点。其中，本地农民工接受过农业和非农职业技能培训的占30.4%，比上年下降0.4个百分点；外出农民工接受过农业和非农职业技能培训的占35.6%，比上年提高0.2个百分点[2]（见表3-2）。而且有的尽管经过了培训，但学非所用，多数仍集中在劳动力密集型建筑、服务行业。

表3-2　　　　　接受过技能培训的农民工比重　　　　　单位：%

	接受农业技能培训		接受非农职业技能培训		接受技能培训	
	2015年	2016年	2015年	2016年	2015年	2016年
合计	8.7	8.7	30.7	30.7	33.1	32.9
本地农民工	10.2	10.0	27.7	27.8	30.8	30.4
外出农民工	7.2	7.4	33.8	33.8	35.4	35.6

资料来源：国家统计局《2016年农民工监测调查报告》。

3. 收入增速放缓。随着社会进步和国家经济的发展，新生代农民工的收入水平整体有所提高，但目前收入增速放缓。据国家统计局2018年4月27日发布的《2017年农民工监测调查报告》显示："农民工月均收入3485元，比上年增加210元，增长6.4%，增速比上年

---

[1] 《中华全国总工会农民工工作规划（2016—2020年）》，2016年5月23日，中华全国总工会（http://www.acftu.org/）。
[2] 国家统计局《2016年农民工监测调查报告》，2017年4月28日，国家统计局网站（http://www.stats.gov.cn/）。

回落0.2个百分点。分行业看,制造业,住宿和餐饮业,居民服务、修理和其他服务业收入增速分别比上年回落2.4、0.4和0.1个百分点;建筑业,批发和零售业,交通运输、仓储和邮政业农民工月均收入增速分别比上年提高1.2、2.9和1.0个百分点。"[1] 但由于受工作岗位性质、住房等因素影响,新生代农民工和同城城镇居民相比不仅年收入存在绝对数上的差距,而且构成上也存在差距。调查发现,某一省会城市新生代农民工的年收入平均在4万元左右,虽然收入绝对值不算低,但这不仅与当地农村居民收入不同,与当地城镇居民也不同。当地农村居民和城镇居民的收入是按人均纯收入计算的,人均纯收入中除去人均工资性收入,还有其他收入。而新生代农民工的收入则是全部的年收入。在目前城市房价物价不断攀升的情况下,新生代农民工生活成本不断增加。近年来,为缩小农民工群体与其他群体的收入差距,党和政府采取了一系列政策措施。如严惩对农民工的恶意欠薪,完善最低工资制度等等。据人社部统计,2013年以来,全国共有22个地区调整最低工资标准,平均增长18.4%。尽管如此,由于我国相关制度还不完善、不配套,特别是执行力度不够,致使新生代农民工与其他群体的收入差距进一步拉大。

4. 就业渠道不畅。为给包括新生代农民工在内的求职者提供方便服务,早在2011年我国建立并试运行的"全国招聘信息公共服务网"。实践证明,这一措施早已见成效。但目前我国农村劳动力流动就业信息体系仍存在不容忽视的问题,主要表现在以下方面:一是基本信息散乱。新生代农民工从农村外出时基本信息,包括工种技能、就业行业、劳动合同签订、工资情况、社会保险情况等有的地方没有采集归档。二是就业信息来源渠道有限。新生代农民工获取职业信息主要通过亲戚、朋友、同乡的带领介绍,有的通过网络获得。这种就业渠道不仅缺乏组织性,而且与农民工原始的就业方式没有太大区别。

5. 体面劳动缺失。"体面劳动"是由国际劳工组织提出并多年倡

---

[1] 国家统计局《2017年农民工监测调查报告》,2018年4月27日,国家统计局网站(http://www.stats.gov.cn/)。

导的理念,是人类迄今为止最为进步的劳动形式,其具体涵义是指劳动者在自由、公正、安全和具有人格尊严的条件下进行的体面的、生产性的工作。

近年来,党中央、国务院非常重视体面劳动问题。党的十八大后习近平总书记多次强调,"人民对美好生活的向往就是我们的奋斗目标"。在党的十九大报告中习近平总书记对新时代中国社会主要矛盾变化给出了新的定义:我国社会主要矛盾已经转化为人民日益增长的美好生活需要和不平衡不充分的发展之间的矛盾。在党中央、国务院的高度重视下,我国广大劳动者正在向着体面的劳动、有尊严的生活目标迈进。然而,目前新生代农民工的劳动状况仍然令人担忧,他们在低质量的劳动岗位工作,面临着"整体收入相对较低、劳动合同执行不规范、工作稳定性差、社会保障水平偏低、职业安全隐患较多、企业人文关怀不到位"等问题。近年来,职业安全隐患居高不下。对相当一部分农民工来说,一顶安全帽、一副白手套,这往往就是他们的安全防护措施。由于他们自身安全意识不强,企业对他们安全问题不重视,安监部门执法力度不够等,致使全国范围内安全事故仍有发生。据有关部门调查,目前有相当一部分新生代农民工是在身体受到严重危害的环境下工作的,而且现在有的已经病情开始发作。河南张海超"开胸验肺"就是如此。早在2012年3月28日卫生部透露,"我国30多行业2亿劳动者遭职业病危害"。据调查,这一现象在我国至今还没有得到根治。目前我国无论是接触职业危害的人数、职业病患者累积数量、还是死亡数量和新发现病人数量,都居世界首位,而职业病患者多数是农民工,在生产安全事故中死亡的90%以上的也是农民工,而且这其中的60%左右又是新生代农民工。当前,新生代农民工的工伤和职业病已经成为一个较为严重的公共卫生问题和社会问题。

三 新生代农民工劳动就业存在问题的深层次原因

近年来,学界对新生代农民工劳动就业面临的困境进行了深入探讨。一般认为,问题的原因是由我国城乡二元体制、经济以及新生代农民工自身素质三个方面造成的。笔者认为，在我国现阶段，除上述因素外，劳动立法不健全，致使新生代农民工被排除在法律保护之外，是新生代农民工劳动就业存在问题的制度原因。而在政府对经济和社会事务管理发挥主导作用的情况下，新生代农民工劳动就业权利得不到充分保障与政府不无关系，这是新生代农民工劳动就业权益得不到保障的体制因素。

（一）城乡二元体制影响

从社会现实看，20 世纪 50 年代以限制人口自由迁徙和身份世袭为主要特征的带有歧视性质的户籍制度在劳动领域仍然发挥作用。多年来，由于这一制度的存在，致使新生代农民工在就业过程中受到了职业歧视和雇佣歧视。有的城市通过制定政策对农民工进行总量控制，有的城市在劳动力市场竞争激烈的情况下，为了提高城市就业率，竟然采取"腾笼换鸟"的做法，有的尽管容纳了新生代农民工在城市就业，但是其就业岗位的性质基本是劳动强度大，劳动时间长，收入低，环境差的低等级的职位。从某一类地区 2012 年的选聘公告便不难发现他们受歧视的情况。选聘公告的题目为"某市选聘高校毕业生担任××书记助理、××主任助理计划"，选聘范围的前两个条件分别是：1. 列入国家统一招生计划（不含定向、委培）的普通高校某市生源应届毕业生和某市地区普通高校非某市生源本科以上（含本科）应届毕业生。2. 具有某市户籍，2013 年 1 月 1 日以后在国（境）外正规院校毕业，并取得学士以上学位的留学生。可见，这个选聘范围将具有某市户籍作为报考的重要条件，如果没有某市户籍无论你多么品学兼优，即使是毕业于哪怕世界顶尖级的名校，也连最起码报考的资格都没有。然而，这种情况在我国目前并不是仅此一例。如某市黄河三角洲人力资源开发中心 2017 年招聘事业单位 10 名人员的第一个条件就是应具有某市常住户口。由此可见，目前我们带有歧视性质的户籍制度不仅仍然有效，而且在人生的转折关头甚至还起着决定作用。因此，如果出生在农民家庭的，即使是大学生，但因其户籍原因有的城市也规定不具备报考资格。而现有 9.4% 已毕业的新生代农民工就是这样被排除在外的。其实，按照人类社会文明发展的目标、迁徙自由的本意,不仅人们从农村到城市不应被限制,而且到哪所城市,从事什么样的工作也不应受到限制。

(二) 现行法律调整缺失

劳动权是我国宪法规定的公民一项基本权利,但宪法在规定公民享有这项基本权利时,并没有明确规定保护公民平等就业权的具体内容,尤其是对保护的主体没有明确具体的界定。如,我国现行《劳动法》第12条规定:"劳动者就业,不应民族、种族、性别、宗教信仰不同而受歧视。"可见,无论是根本大法的《宪法》还是基本法的《劳动法》以至于2007年出台的《就业促进法》,都没涉及户籍问题。由于《劳动法》对此条采取的是封闭式、列举式的立法技术,致使有的地方、用人单位对农民工在就业时进行歧视也不违反现行法律。有的用人单位常常借口岗位管理涉及钱、财、物,为预防职务风险,需要招收本地户口人员,以此对外来农民工就业予以排斥。

(三) 政府尚未切实履行责任

政府之所以要对新生代农民工劳动就业存在问题承担责任,其原因:一是劳动权的性质决定政府必须履行相应的责任。改革开放后,随着我国经济发展和法制完善,劳动权的性质逐步明确。学界对劳动权的性质进行了探讨,并主要形成以下观点:第一种观点(关怀,1987)认为,劳动权是有劳动能力的公民获得参加社会劳动和切实保证按劳动取得报酬的权利;第二种观点(董保华、程惠瑛,1992)认为,劳动权是具有劳动能力的公民支配自身劳动并要求国家或社会为其提供劳动机会的权利;第三种观点(贾俊玲,2003)认为,劳动权是指任何具有劳动能力且愿意工作的人都有获得有报酬工作的权利。三种观点都突出说明劳动权是一种生存型的受益权,具有劳动者不需要承担任何义务而应由国家或政府无条件给付的特征。这是按照现代公法理论所得出的结论。另外,我国现行《宪法》的明确规定也能表明劳动权的性质。如《宪法》第42条规定:"中华人民共和国公民有劳动的权利和义务。国家通过各种途径,创造劳动就业条件,加强劳动保护,改善劳动条件,并在发展生产的基础上,提高劳动报酬和福利待遇。"可见,无论是学界的研究探讨,还是法律的明确规定都足以说明劳动权是一种受益权，政府必须履行相应的责任。二是政府的职责决定政府必须为新生代农民工就业创造条件。我国《宪法》明确规定，国家的一切权力属于人民；人民行使国家权力的机关是全国人民代表大会和地方各级人民代表大会；国家行政机关、审判机关和检察机关都由人民代表大会产生，对它负责，受它监督。这说明我国政府是人民权利的受托者，政府的职责除了维护秩序、巩固政权外，保障包括农民工在内的劳动者的劳动法就业权也是政府责无旁贷的责任。早在17世纪英国著名思想家洛克在其《政府论》一书中就明确指出："政府是用来保障社会公民权利尤其是私人财产权的，其最大功能是维护社会的公平公正。"对于政府具有保障权利的职责我国学界也有共识。如浙江大学陈国权教授认为，"责任政府作为现代民主社会的基本诉求，意味着宪法和法律是政府及其官员施政的准绳，公民的权利与义务受政府切实保障。"从学理上讲，权利的逻辑形态可以简单地划分为应有权利、法定权利和现实权利。针对新生代农民工就业权来说，如果这一应有权利通过"法律认定"难以转化为现实权利，就是政府的渎职、失职或违法行为，政府就要承担法律责任。因此，从这一意义上说，责任政府也是法治政府。三是法律救济不充分决定政府负有具体化保障义务。在我国劳动法律体系中，《宪法》《劳动法》都没有赋予公民完全平等就业权，只有《就业促进法》有相关方面的规定。但该法的这项规定并不能使新生代农民工就业权受到侵犯后得到法律救济。其理由：一是劳动争议仲裁受案范围的六种情形不包括就业歧视，而且仲裁裁决实质上也不属于法律救济；二是即使对农村劳动者进城就业设置了歧视性规定，现有法律只规定劳动者可以向人民法院提起诉讼，但却没有规定承担的法律责任，致使就业歧视现象屡屡发生。在理论上，法律救济主要表现三种方式：一是恢复性保障；二是替代性保障；三是具体化保障。依照我国《立法法》规定，我国最高国家行政机关享有授权立法权，即便国家行政机关没有得到授权立法，在行政管理活动中，也有对法律法规如何具体应用贯彻问题进行解释和说明的权力，即行政解释权。因此，法律救济不充分时政府负有具体化保障义务。罗马法有句谚语："没有救济的权利不是真正的权利（A right with Outremedy is not A right）。"对新生代农民工来讲，当他们受到就业歧视时，没有相应的法律救济途径，就意味着他们平等就业的基本权利无法得到具体化保障。

（四）新生代农民工自身综合素质低下

从前面阐述的新生代农民工的基本状况我们不难看出，多数新生代农民工对工作没有预期。当调查问到他们今后想要从事的职业时，相当一部分都表示"我没有打算"或"找到算"。他们中相当一部分人到东部发达地区寻找就业机会，但事与愿违。因为东部地区产业升级后，缺乏的是适应技能型岗位的人员。据调查，目前新生代农民工接受过专业技术教育，即中专、中技、职高、大专、高职的比例仅为33.7%。可见，从目前的状况看如果新生代农民工的教育和技能水平不能获得比劳动力市场需求更快的提高，只有三成左右的新生代农民工能够在城市长期稳定就业。而对于绝大多数新生代农民工来说，由于生产技术的不断发展，他们对于自己较高的职业期望均因缺乏专业技能知识而被拒绝于理想的职业大门之外，有的即使已经就业，但由于他们缺乏必要的专业技能，也只能从事体力劳动和简单的技术工作。另外，由于农民工因为劳动时间过长、劳动强度过大，客观上也缺少必要的学习时间和条件，主观方面又缺少自学成才、改变命运的热情与动力，这种综合素质状况已影响他们充分就业。

四 解决新生代农民工劳动就业问题的对策

目前我国社会面临的深化改革是政府主导的渐进式改革，政府角色的历史规定性及其在国家结构中的权能，决定政府是新生代农民工劳动就业权益保障的重要责任主体。因此，为有效解决新生代农民工劳动就业难的问题，政府必须从以下方面入手：

（一）强宏观调控体系建设，实现就业机会均等

就业歧视是世界各国普遍存在的现象，因其对社会政治、经济的发展以及社会的稳定会产生严重的负面作用，国际社会以及各国政府都采取了反歧视措施。在市场经济体制下，政府是劳动力市场宏观调

控体系的主体，理应承担起平等就业的调控责任，更不该直接对农民工城市就业进行行政总量控制、职业和工种限制。我国政府及相关职能部门作为国家法律的执行者和短期对策的研究者，在国家规范劳动权益法律尚未修改之际，政府除了有一个明确而坚决的表态外，应加强对完善我国就业制度改革等相关问题的研究，采取"一揽子"的配套改革措施，为最终实现包括新生代农民工在内的所有的劳动者就业机会平等，最终在全国范围内自由流动创造条件。

（二）切实履行职业培训职责，促进农民工就业创业

近年来，新生代农民工职业技能培训效果尚未达到预期目的是个不争的事实。笔者认为，主要原因在于以下两个方面：一方面新生代农民工职业培训的策划者和引导者不明晰。在新生代农民工职业培训中，个人是就业培训体系的直接受益者，企业是新生代农民工培训体系的间接受益者和实施者，而政府是培训体系的策划者和引导者，各种宏观政策的制定都是政府的职责范围。既然培训效果和预期直接的差距在企业和个人两方着手都是回天乏力，就只能依赖政府解决。另一方面是新生代农民工的就业培训的性质不明晰。加强新生代农民工的技能培训，提高他们的专业技能，增强竞争力，改变他们在劳动力市场上的劣势地位，不仅是他们自身就业的需要，更是经济社会发展的需要，这既能有效促进农村剩余劳动力转移就业，还有利于实现新生代农民工从农民工群体向现代产业群体转变，并能为加速推进城镇化进程和产业转型升级积蓄力量。可见，职业技能培训具有准公共产品性质，政府理应承担起主要投资主体的责任。

（三）健全收入分配制度机制，保障农民工报酬权益

近年来，为缩小农民工群体与其他群体的收入差距，党和政府采取了一系列政策措施。如严惩对农民工的恶意欠薪，完善最低工资制度等等。据人社部统计，2013年以来，全国共有22个地区调整最低工资标准，平均增长18.4%。而且为维护农民工劳动报酬权益，全国地市一级基本建立了由政府、工会、企业代表组成的劳动关系三方协调机制。但由于目前新生代农民工所在的行业多数是民营、私营的劳动密集型企业，企业中的工资形成机制很难市场化。在劳动力市场

总体上供大于求的情况下，新生代农民工在工资形成过程中基本无法实现通过谈判进行博弈的权利。另外，政府执法力量不足，也使一些企业不执行最低工资标准、节假日加班费、高温补贴、各种劳动保护条件等。因此，为切实保障新生代农民工劳动报酬权益，政府应从以下方面入手，进一步健全收入分配制度机制：一是积极稳妥地推进一系列行政分割城乡劳动力市场的制度改革，加快城乡统一劳动力市场的建设，使新生代农民工劳动报酬权益不再受户籍制度的影响。二是制定类似"三减免、三补贴"的惠农优惠政策，直接提高新生代农民工劳动收入，提高劳动报酬在初次分配中的比重。三是健全工资集体谈判机制。政府在合理维护劳资双方权益的同时，应对新生代农民工群体予以特殊保护。要充分发挥工会组织对劳工权益保护的作用，实现初次分配公平。四是加强政府监管，保障收入分配、劳动保护方面的法律法规的执行。政府相关部门应加大初次分配的法律法规执行力度和监管力度，有效维护新生代农民工劳动报酬权益。

（四）完善公共信息服务平台，拓宽农民工就业渠道

国家"十三五"规划针对目前新生代农民工获取就业创业信息渠道狭窄、有限且滞后的现状，采取了相应的措施。目前，为推动就业信息全国联网奠定基础，有必要从以下方面入手：一是尽快建立新生代农民工就业信息采集制度，做到农民工流出地就业信息有记载，流入地有备案。二是建立统一、完善的劳动力就业信息服务机构。由于目前国内现有的劳动力就业信息渠道来源没有统一的机制和规范的体系，外出务工人员多靠自己寻求工作机会。因此，应尽快进行执法资源整合，在现有农民工服务机构基础上，成立专门农民工劳动力就业信息服务部门，为新生代农民工提供足够的就业服务信息，从而实现民工就业信息和招工单位招工信息的有效对接。三是利用现代无线通信资源，建立完善农民工就业手机短信服务平台。针对目前99%的农民工拥有手机的现状，政府应调动移动通讯运营商的积极性，提高其社会责任感，转变经营理念，探索发展运营的商业模式，为新生代农民工搭建就业手机短信服务平台，使农民工只要拨特服号码，就可以把个人基本情况、求职意愿等登记注册，平台工作人员根据企业用

工信息数据库，就能够寻找出匹配信息，及时为农民工就业提供信息服务。

第二节　新生代农民工的劳动报酬

劳动报酬又称劳动报酬权。它是新生农民工在市场经济条件下从事劳动过程中应该依法享有的最基本、最重要的法定权利之一，劳动报酬权是否得到保障，不仅关系到劳动者及其家庭的幸福安康，更关系到经济的发展与社会的稳定。因此，充分认识当前新生农民工劳动报酬权益保障的现状，正确分析和解决劳动报酬权益保障中存在的矛盾和问题，对于构建和谐社会，促进社会主义新农村建设，推进我国城乡一体化进程具有十分重要的意义。随着我国社会的发展，在我国工业化、城镇化建设进程中，大量农民工从农村流向城市，这一特殊群体为我国现代化建设作出了重大贡献，他们是我国经济发展的一个重要力量。但他们仍面临着收入偏低、劳动合同执行不规范、工作稳定性差、社会保障水平偏低、职业安全隐患较多等问题。

一　新生代农民工劳动报酬现状

近年来，新生代农民工的问题引起了全社会的广泛关注，人们关注这一群体的生存发展，关注这一群体对城市的发展影响变化。在这一系列的关注中，首要的问题应该是这一群体的劳动报酬问题，因为它不仅关系到劳动者及其家庭的幸福安康，更关系到当今经济的发展与社会的稳定。目前新生代农民工在没有得到城市最低保障的情况下，如果得不到劳动报酬，在城里就无法生存，更谈不上发展，而且还会给社会稳定带来危害。因此，新生代农民工劳动报酬问题，既是经济问题、社会问题，还是当前较为严重的政治问题。据报道，2015年5月至6月，中国发生的一系列民工群体性事件中，新生代农民工劳动报酬权被侵害的情况占相当大的比例，有的据此引起了群体性上访，有的已成为新生代农民工犯罪的重要诱因。据笔者在某省（已签订保密协议）监狱调查，在新生代农民工为犯罪主体的犯罪案件中，有 51.5% 的人是由于其劳动报酬权没有得到保障而出于义愤、谋生等不同动机而实施犯罪的。

(一) 劳动收入

随着社会进步和国家经济的发展,新生代农民工的收入水平整体有所提高,但目前收入增速放缓(见表3-3)。农民工月均收入3485元,比上年增加210元,增长6.4%,增速比上年回落0.2个百分点。目前,由于受工作岗位性质、住房等因素影响,新生代农民工和同城城镇居民相比不仅年收入存在绝对数上的差距,而且构成上也存在差距。调查发现,某一省会城市新生代农民工的年收入平均在4万元左右,虽然收入绝对值不算低,但这不仅与当地农村居民收入不同,与当地城镇居民也不同。当地农村居民和城镇居民的收入是按人均纯收入计算的,人均纯收入中除去人均工资性收入,还有其他收入。而新生代农民工的收入则是全部的年收入。在目前城市房价物价不断攀升的情况下,新生代农民工生活成本不断增加。近年来,为缩小农民工群体与其他群体的收入差距,党和政府采取了一系列政策措施。如严惩对农民工的恶意欠薪,完善最低工资制度等等。据人社部统计,2013年以来,全国共有22个地区调整最低工资标准,平均增长18.4%。尽管如此,由于我国相关制度还不完善、不配套,特别是执行力度不够,致使新生代农民工与其他群体的收入差距进一步拉大。据调查,目前,新生代农民工月平均收入2500—3500元的为多数(见表3-4),收入高于3000元的仅有16.7%。这一收入状况,按照目前城市生活标准是很低的,新生代农民工在流入地支付各种必要的生活开销后基本所剩无几。

表3-3　　　　　分行业农民工月均收入及增速　　　　　单位:元

年份	2016	2017
合计	3275	3485
制造业	3233	3444
建筑业	3687	3918

续表

年份	2016	2017
批发和零售业	2839	3048
住宿和餐饮业	2832	3019
居民服务、修理和其他服务业	2851	3022

表3-4　　　　　农民工收入水平分布

月收入（元）	频数	百分比（%）
1000以下	56	13.5
1000—1499	35	8.5
1500—1999	34	8.1
2000—2499	29	7
2500—2999	192	46.2
3000及以上	70	16.7
总计	416	100

（二）劳动报酬被拖欠情况

目前，欠薪仍是困扰着农民工的重要问题。尽管2003年10月温家宝总理为重庆云阳龙泉村42岁的农妇熊德明要回拖欠工资后，欠薪现象有所改观，但到目前为止，欠薪问题还是频频出现。据国家统计局发布的《2015年农民工监测调查报告》显示，被拖欠工资的农民工所占比重为1%，比上年提高0.2个百分点。而国家统计局发布的《2016年农民工监测调查报告》显示，2016年被拖欠工资的农民工比重为0.84%，比上年下降0.15个百分点（见表3-5）。2013年以来，被拖欠工资的农民工比重均在1%以下，但是年度之间有波动。2013—2015年被拖欠工资的农民工比重分别为1%、0.76%和0.99%。其中，2015年农民工工资拖欠的情况反弹，被拖欠工资的农民工比重比2014年提高0.23个百分点。

表 3-5　　　　　　分行业农民工被拖欠工资的比重　　　单位：%、百分点

	2015 年	2016 年	增减
合计	0.99	0.84	-0.15
制造业	0.8	0.6	-0.2
建筑业	2.0	1.8	-0.2
批发和零售业	0.3	0.2	-0.1
住宿和餐饮业	0.3	0.3	0.0
居民服务、修理和其他服务业	0.3	0.6	0.3

资料来源：国家统计局数据。

前些年，一些农民工为了讨要工钱，铤而走险，以跳楼等自杀性行为相胁迫，以杀害老板等极端行为相报复；在有的地方甚至出现农民工集体拦截高速公路、以人体封堵特定场所等极端激烈的行动。①《武汉晚报》曾报道："在海口金滩路通华小区的一栋烂尾楼里，百余名农民工将在那里度过他们在海口的第 17 个端午节。1994 年，100 多名农民工为建设该烂尾楼辛勤劳动，但没有拿到工钱。他们在该烂尾楼里住了 17 年，他们期盼的是早日拿回属于自己的血汗钱。"②

二　新生代农民工劳动报酬存在问题的原因

（一）新生代农民工劳动报酬存在突出问题的原因概述

新生代农民工作为特殊的社会群体，在经济生活中的地位越重要其劳动权益就应得到特殊保护。我国现有的劳动法、民事诉讼法和刑法，在保护新生代农民工合法权益方面发挥着重要作用，但仍有不适应我国形势发展之处。从法律体系总体层面看，在我国已形成的中国特色的社会主义市场经济的法律体系中没有专门保护农民工权利的法

---

① 刁望云：《农民工"欠薪"纠纷的原因分析及对策研究》，2010 年 3 月 10 日，中国法院网（www.chinacourt.org）。

② 《海口百余名农民工蜗居烂尾楼 17 年开发商一走了之》，2010 年 6 月 18 日，汉网—武汉晚报（http://news.163.com/）。

律；从农民工劳动报酬权益的各项制度层面看，现行法律法规中没有专门保护农民工劳动报酬权的条款，即使有的内容对新生代农民工也适用，但由于有的规定存在难以操作等问题，致使对新生代农民工权益保护显得力不从心。

（二）新生代农民工劳动报酬存在突出问题的原因的主要表现

1. 现行法律制度中举证责任的分担不利于对新生代农民工权益的保护。所谓举证责任，是指当事人对自己提出的主张，提供证据，加以证明的责任。我国不同的法律对举证责任的分担有不同的规定。有的规定"谁主张、谁举证"的证据分担的一般原则，"即凡是提出某种实体权利的请求，或要求法院确认某种法律关系存在的当事人，应当对产生该权利或法律关系的法律事实负举证责任；以产生某种权利或法律关系的事实不存在为由，反驳原告的诉讼请求的当事人，应当对存在阻碍该权利或法律关系发生的事实负举证责任"[①]。如现行《中华人民共和国民事诉讼法》第64条第1款规定："当事人对自己提出的主张，有责任提供证据。"再如《最高人民法院关于审理劳动争议案件适用法律若干问题的解释》第13条规定："因用人单位作出的开除、除名、辞退、解除劳动合同、减少劳动报酬、计算劳动者工作年限等决定而发生的劳动争议，用人单位负举证责任。"此外，《劳动争议调解仲裁法》第6条规定："发生劳动争议，当事人对自己提出的主张，有责任提供证据。与争议事项有关的证据属于用人单位掌握管理的，用人单位应当提供；用人单位不提供的，应当承担不利后果。"

除证据分担的一般原则外，上述相关法律还规定了举证责任倒置原则。所谓举证责任倒置，是指在特定的侵权诉讼中，提出主张的人不承担举证责任，而由否认侵权事实的对方当事人对其不应承担侵权责任的事由，或对其所主张的事由负举证责任。现实生活中有劳动合同的劳动争议案件可以按照上述原则处理。但目前的劳动用工的现实

[①] 《改变举证责任是民工维权的主要门槛》，2011年3月8日，中国劳动法律网（http://www.laodong66.com/）。

是绝大多数农民工根本就没有劳动合同。一些企业主为降低人工成本，恶意逃避责任，不愿意与农民工签订劳动合同。据国家统计局《2016年农民工监测调查报告》显示，2016年与雇主或单位签订了劳动合同的农民工比重为35.1%，比上年下降1.1个百分点。其中，外出农民工与雇主或单位签订劳动合同的比重为38.2%，比上年下降1.5个百分点；本地农民工与雇主或单位签订劳动合同的比重为31.4%，比上年下降0.3个百分点。8年前，据劳动和社会保障部2008年抽样调查，新生代农民工劳动合同签订率在民营企业为55%。当时，劳动和社会保障部公布了《关于确立劳动关系有关事项的通知》，规定用人单位未与劳动者签订劳动合同，认定双方存在劳动关系时可参照工资支付凭证或记录（职工工资发放花名册）、缴纳各项社会保险费的记录；劳动者填写的用人单位招工招聘"登记表"、"报名表"等招用记录；考勤记录；用人单位向劳动者发放的"工作证"、"服务证"等能够证明身份的证件；其他劳动者的证言等凭证。其中，后两项凭证由劳动者负举证责任。从实际情况看，上述法规、规章规定的内容实施有一定难度。因为在企业拒绝签订劳动合同的情况下，依据工作证、服务证等证件来认定劳动关系难度很大。据调查，没有多少农民工曾经有过并且保留过这些证件，以至于出现绝大多数农民工提出解决劳动报酬等争议的请求时，因提供不出相应的证据而败诉的事实。这正是劳动合同签订率比8年前还低的一个重要原因。

2. 刑法恶意欠薪罪的规定不利于对农民工权益的保护。第一，此罪"数额较大"中的数额规定既不确定，又违反法律面前人人平等的宪法原则。究竟拖欠工资多少算数额较大？如果这个问题不明确，刑法的规定就不可能有效实施。因为针对不同财产状况的人"数额较大"的含义不同，靠救济为生的人1000元可能就算数额较大，而经济状况较好的人上万元才算是"数额较大"。并且这里的"数额较大"是计算拖欠人数的总数，还是对于一个劳动者来说的。另外，农民工作为弱者本应得到特殊保护，可此罪对农民工的要求高于处于强势地位的用工者。因为此罪侵犯的客体是劳动者个人的财产所有权,这时有数额较大的要求;但反过来,如果劳动者侵犯用工者的财产所有权,构成"财产侵占罪",却没有"数额较大"的限制。只要劳动者侵犯了用工者的财产,就构成犯罪。因此,这里的数额较大的规定有失公平。第二,此罪无论是被称为"恶意欠薪罪",还是被称为"拒不支付劳动者的劳动报酬罪"均表明其犯罪构成的主观方面是直接故意,或者说是"恶意",可对于到底是"恶意"还是"善意"的问题,由于这是主观方面的一种心理活动,现实生活中难以获得充分证据证明,即使法条规定"以转移财产、逃匿等方法逃避支付劳动者的劳动报酬,或者有能力支付而不支付劳动者的劳动报酬"等客观方面的要件,由于处于弱势地位的农民工提供不出相关证据,而用工者又常常找出各种各样理由,证明自己不是不想支付其劳动报酬,而是没办法支付,是善意的,由此导致该罪名的设立不能有效保护新生代农民工的合法权益。

3. 劳动争议的仲裁管辖和诉讼管辖的法律规定不利于对农民工劳动权益的保护。劳动争议仲裁的管辖是指劳动争议仲裁机构系统内部,各机构之间受理劳动争议案件的分工和权限。目前按照我国现行法律规定,劳动争议仲裁的管辖实行"以属地管辖为主,其他管辖为辅"的原则。属地管辖,即由根据劳动争议当事人所在地域或劳动合同履行地来确定管辖的仲裁机构。具体来说,劳动争议仲裁一般由用人单位所在地仲裁委员会管辖;如果用人单位与劳动者不在同一仲裁委员会辖区的,由劳动者工资关系所在地即向劳动者发放工资的用人单位所在地的仲裁委员会管辖;如果用人单位和劳动者不在同一省市,而劳动者所在地与劳动合同履行地一致的,也可由劳动合同履行地仲裁委员会管辖。劳动争议诉讼管辖指劳动争议在人民法院系统内部,各机构之间受理劳动争议案件的分工和权限。按照《最高人民法院关于审理劳动争议案件适用法律问题的若干解释(二)》第3条的规定:劳动者持用人单位的工资欠条为证据直接向人民法院起诉,诉讼请求不涉及劳动关系其他争议的,视为拖欠劳动报酬争议,按照普通民事纠纷的受理。而我国民事诉讼法关于普通民事纠纷确定管辖的一般原则是"原告就被告",即由被告所在地人民法院管辖(《民事诉讼法》第22条），我国民事诉讼法还规定，关于合同的双方当事人可以在书面合同中协议选择被告住所地、合同履行地、合同签订地、原告住所地、标的物所在地人民法院管辖，但不得违反本法对级别管辖和专属管辖的规定。问题是，对于处于弱势地位的新生代农民工来说，相当一部分人都没有与用人单位和雇主签订劳动合同，致使维权成本加大，加大了讨薪难度。

三 新生代农民工劳动报酬权益法律制度的完善

既然我国关于农民工劳动报酬权益的法律制度存在上述突出问题，因此，必须以完善立法的形式加以解决。

（一）扩大劳动合同举证责任倒置的适用范围

根据劳动和社会保障部《关于确立劳动关系有关事项的通知》规定，用人单位未与劳动者签订劳动合同，有关"工作证"、"服务证"等能够证明身份的证件；其他劳动者的证言等凭证由劳动者负举证责任。但在企业拒绝签订劳动合同的情况下，绝大多数农民工提供不出任何证据。因此，笔者认为，解决这一问题的根本办法在于实行"举证责任倒置"，即凡是涉及劳动合同的争议案件，即使劳动者提出主张，也应由用人单位提供所有的证据，即全部实行举证责任倒置。其理由：一是从劳动法律关系的性质看，劳动法律关系是当事人双方地位平等的民事法律关系，而是具有特殊属性的法律关系，它是通过劳动过程体现的，管理是实现劳动过程必不可少的因素。这就决定了这种关系具有一定的隶属性和不平等性。二是从劳动合同法的立法宗旨看，用人单位与劳动者签订劳动合同是用人单位的责任，如《劳动合同法》规定，"劳动关系用工之日起建立，用人单位必须在一个月内与劳动者签订劳动合同。用人单位事实用工，但没有签订劳动合同的，为事实用工"。可见，用人单位与劳动者签订劳动合同是用人单位的必须履行的义务，在用人单位没有按规定履行义务的情况下，要求劳动者承担举证责任有失公平。三是实行举证责任倒置是当今有效维护新生代农民工权益的一种趋势。在河南省新密市农民工张海超开胸验肺事件出现后，我国职业病认定中已实行举证责任倒置。因此，新生代农民工讨薪时实行举证责任倒置才能有效维护农民工取得报酬的权益。

(二) 完善刑法恶意欠薪罪的规定

鉴于此罪名已经入罪，因此不能立即修改法律，而应以司法解释的形式加以完善。

1. 对"数额较大"进行合理解释。这一数额的界定既不能等同于侵犯财产的"盗窃罪"的数额，也不能确定为经济犯罪立案起点数额。因为恶意欠薪罪与经济犯罪的主观过错程度与社会危害性都各不相同。从一定程度上说恶意欠薪的危害性比盗窃行为的危害性还大，因此数额理应更小些，或者以刑法修正案的形式取消数额方面的规定，从而实现平等保护的原则。

2. 淡化欠薪主观过错要件，恶意欠薪入罪的目的是有效保护农民工的劳动报酬权，因此此罪应淡化主观过错要件的规定，即无论是"恶意"还是"善意"，只要出现农民工的劳动报酬权被侵犯，并造成严重后果的就应承担刑事责任，并应借鉴国外的经验，在没有造成受害人生命、健康损害时，要突出其财产责任性质。

3. 完善劳动争议的仲裁管辖和诉讼管辖的法律规定。对于确定农民工劳动报酬的案件，无论是仲裁管辖还是诉讼管辖都应将原告所在地的劳动争议仲裁机构和司法机关确定有管辖权，使新生代农民工的劳动报酬权在程序方面获得真正的救济。应该承认，我国现有的劳动法和民事诉讼法在保护新生代农民工合法权益方面发挥了重要作用，但在包工头和农民工往往都是同乡的情况下，受到侵害的新生代农民工却要到外地诉讼，既给法院的送达工作带来了诸多不便，也不方便原、被告应诉，故应以立法的形式允许法院将此类案件转移给原告所在地法院。只有这样才能充分保障新生代农民工取得劳动报酬的权利。

第四章　新生代农民工的民生融入

第一节　新生代农民工随迁子女教育

随着我国城市化进程的不断加快，新生代农民工队伍的规模不断扩大，其随迁子女的数量也在不断地增加。截至2016年，仅在流入地需要接受义务教育的人数已经达到近2000万。

2017年10月22日，十九大新闻中心在北京举行"满足人民新期待，保障改善民生"记者会。教育部党组书记、部长陈宝生介绍情况。他说："这五年，我们坚持'一个都不能少'的原则，加强对农村贫困地区、少数民族地区的投入。这五年，没有一个孩子因家庭困难而辍学的目标基本实现，这也是了不起的成就。还有，90%以上的残疾儿童享有受教育机会，80%以上的农民工随迁子女在流入地公办学校就学。2017年，农民工子女在当地参加高考，报名15万人，是五年前的36.5倍。"[①] 随着岁月的流逝，数千万的新生代农民工随迁子女教育问题基本得到解决，但尚有一部分（20%）新生代农民工随迁子女没能和城市孩子一样享有平等的受教育权利。可见，近年来，在党和政府的高度重视下，农民工随迁子女"有学上"的问题已经解决，但"上好学"问题还未能实现，已成为社会关注的热点。

新生代农民工随迁子女教育问题是新生代农民工融入城市的基础。改革开放以来，我国工业化、城镇化进程不断加快，农民工这支

---

① 陈宝生："满足人民新期待，保障改善民生"，2017年10月22日，中国网（www.china.com.cn）。

流动大军规模不断扩大，人数不断增加。随着我国城乡人口流动性的增强，农民工随迁子女即流动儿童的数量也呈不断增加的趋势。根据有关部门预测，到2020年，14岁以下农民工子女规模将会达到2000万—2500万人。按照我们对新生代农民工年龄的界定，1980年后出生的新生代农民工其子女已经陆续进入学前、中小学义务教育阶段，而到2020年，这些子女又面临接受高中教育；相应的1990年后出生的新生代农民工，其子女又陆续进入学前、中小学义务教育阶段。据最新调查显示，截至2015年11月，农民工随迁子女的规模在流入地需要接受义务教育的人数已经达到1867万人。① 然而，他们进入什么性质的学校，接受怎样的教育，这是新生代农民工最为关心的，也是关系到我国城市化、现代化进程，关系到我国义务教育的均衡发展，关系到中华民族文化素质提高的一个新课题。当前，这一问题已经引起了党中央、国务院的高度重视及广大学者的关注，一些政策的实施已经取得了很大成效。但从现实情况看，新生代农民工随迁子女学前教育、义务教育问题并未得到彻底解决，教育平等尚未实现。

一 新生代农民工随迁子女教育面临的主要问题

近年来，新生代农民工随迁子女教育问题引起了党中央、国务院的高度重视。为有效解决这一问题，2001年国务院颁发了《关于基础教育改革与发展的意见》，明确提出农民工随迁子女教育实行"两为主"的原则，即以流入地政府为主，负责农民工子女的教育工作；以全日制公办中小学为主，接收农民工子女入学。2006年修订的《义务教育法》也对此进行了规定。2007年温家宝总理在《政府工作报告》中强调指出："教育是国家发展的基石，教育公平是重要的社会公平。"2010年《国家中长期教育改革和发展规划纲要（2010—2020）》提出了"优先发展、育人为本、改革创新、促进公平、提高质量"的工作方针。在党的十九大报告中，习近平总书记指出，必须

---

① 韩俊：《流动儿童（农民工随迁子女）的教育问题》，2011年11月23日，新浪网（http://baby.sina.com.cn）。

把教育事业放在优先位置,并强调要推进教育公平,推动城乡义务教育一体化发展,高度重视农村义务教育。由此可见,在我国解决新生代农民工随迁子女的教育问题主要是解决教育平等问题,这是我国教育政策追求的目标。然而,现实生活中,受各种因素的影响、制约,这一理想目标的实现却任重而道远。

(一)新生代农民工随迁子女教育机会不平等

新生代农民工随迁子女教育机会不平等主要表现在以下两方面:

1. 新生代农民工随迁子女学前教育机会不平等。早在2010年国务院在针对农民工随迁子女教育问题确立的"两为主"的政策基础上又出台了《关于当前发展学前教育的若干意见》,明确提出城镇幼儿园的建设要充分考虑进城务工人员随迁子女接受学前教育的需求。党的十九大报告提出,"在幼有所育、学有所教、劳有所得、病有所医、老有所养、住有所居、弱有所扶上不断取得新进展"。然而,现实生活中,城市公办幼儿园在接受新幼儿入园时对中央的政策精神贯彻得并不好,各地公办幼儿园仍然坚持户籍人口的幼儿优先入园的原则。目前,在我国城市中,幼儿园一般分为三种类型:有政府支持的规范的"公办优质"幼儿园,高收费的"民办优质"① 幼儿园和一些"民办劣质"幼儿园。农民工子女期待进入收费低廉、办园规范的"公办优质"的幼儿园,而这一类型幼儿园的数量却十分有限,多被本地户籍儿童或处于优势地位者占用。据千龙网2010年6月8日报道,为了能让孩子进入"收费低、服务好"的公办园幼儿园学习,百余名家长在昌平区工业幼儿园还未发布招生简章时便自发前往排队七昼夜等待报名。七年过去了,但一些地方有资格入园的孩子仍然要求具有本辖区的户籍。因此,在很多城市按户籍人口入园都比较困难的情况下,根本无暇顾及非户籍的儿童,农民工子女基本被排斥在外,绝大多数新生代农民工随迁子女目前还只能是迫不得已地进入条件相对较差、质量难以保障的民办幼儿园。在我国,性质不同的幼儿

---

① 源自:《上海市教育委员会关于开展上海市民办优质幼儿园创建工作的通知》(沪教委民〔2012〕15号)。

园生源也明显不同。"公办优质"幼儿园目前多数仍有身份状况的限制。而与"公办优质"幼儿园相比，各方面条件比较优越的"民办优质"幼儿园，农民工随迁子女限于家庭经济状况，也难以进入，因此，他们相当一部分只能迫不得已进入大多坐落于城市边缘，基础设施简陋，师资力量不足且极不稳定的"民办劣质"幼儿园。这些"民办劣质"幼儿园不仅教育条件令人堪忧，而且有的没有制定规范的幼儿教育计划，有的小学化倾向严重，新生代农民工子女难以享受到优质的学前教育资源，有的"民办"幼儿园教师根本不知道《关于当前发展学前教育的若干意见》（"国十条"）的内容，有的竟将对学龄前儿童提前学习小学阶段的课程内容作为办园的一种优势进行宣传。其实，早在2011年国务院就印发了此规定，只不过这些"民办"幼儿园不重视，或者没有登记注册，有关部门无法及时对其培训而已。据调查，目前农民工随迁子女就读公办幼儿园的比例不足20%，这种情况导致了相当一部分农民工子女得不到平等的学前教育机会，只能迫不得已地进入条件相对差一些、质量难以保障的民办幼儿园，有的人认为，这是"输在了起跑线上"。

2. 新生代农民工随迁子女义务教育机会不平等。过去农民工随迁子女因户籍影响不能与当地学区孩子一样正常就读城市全日制公办中小学。如果想要让其子女就读公办中小学，对绝大多数农民工来讲是需要交纳高额的借读费、择校费或赞助费的。为了实现教育平等，有效解决这一教育不公的问题，我国政府在21世纪之初就制定了允许农民工子女就读公立学校的政策。但当前对数千万的新生代农民工随迁子女而言："政策大门是打开了，但优质公立学校的大门基本是关闭了。"因为，在城市公办中小学教育资源紧张又严格禁止收费的情况下，很多学校以学生容量已满为由拒收农民工子女入学。还有的采取变相手段拒收农民工子女入学，如有的竟然规定子女入学时需要提交其出生地证明等官方资料等。这种情况使得农民工子女就读城市优质公办中小学更为艰难。

（二）新生代农民工随迁子女教育过程不平等

新生代农民工随迁子女教育不平等不仅体现在教育机会不平等，

教育过程不平等的情况也是非常严重的。具体表现为：一是新生代农民工子女就读城市公办中小学受歧视现象严重。截至目前，尽管有80%的农民工子女进入了公立中小学，但这些孩子往往被与城里孩子隔离开。据了解，有的学校认为，农民工随迁子女多数为"三无"学生，即无教育基础，无学习习惯，无专人辅导。如果将这些孩子与城里孩子安排一起，不仅孩子不适应，跟不上教学进度，不利于其身心健康，而且还会影响城里孩子的学习。由此可见，已经就读于公办中小学的农民工随迁子女，不仅他们所受的教育不是"义务"的，而且还得不到应有的尊重。他们处处受歧视的状况，使他们自尊心自幼就受到了伤害，给他们的健康成长造成了难以弥补的影响。正如瑞典著名女作家林格伦所言："如果学校不能在课堂中给予学生更多成功的体验，他们就会以既在学校内也在学校外都完全拒绝学习而告终。"① 事实也正如此，2015年一项研究表明，"学生在打工子弟学校就读时间越长，表现就越差。"二是新生代农民工子女难以享受到优质的教育资源。目前，在优质公办学校难以进入的情况下，相当一部分农民工随迁子女迫不得已就读于民办学校。与公办学校相比，这些民办学校大多坐落于城市边缘，师资力量不足且极不稳定，学校基础设施简陋，有的甚至存在安全隐患，还有的既没有体育场所供学生进行相应的体育运动，也没有图书馆供学生进行课内外知识的阅读，这种学校越来越成为城市学校发展中的"短板"。从广州流动农民工随迁子女就读学校情况看，在民办学校就读的有30万人，公办学校就读的仅有18万人。据调查，农民工随迁子女就读民办学校的比例还很高，这种情况导致了相当一部分农民工子女真的"输在了起跑线上"。正如孔子所言："性相近，习相远。"由于农民工子女与城里同龄孩子所受的教育、环境的不同，使得他们个性差异愈加显著。

（三）新生代农民工随迁子女教育结果不平等

新生代农民工随迁子女教育结果不平等主要指他们义务后教育的处境。目前，农民工随迁子女主体已经开始步入接受高中教育阶

---

① 经典语录：360百科（https：//baike.so.com/）。

段,他们义务后的教育问题更加严重。据了解,当前城镇职业高中对农民工的子女早有松动,一些地区还允许中等职业学校自主招收农民工子女,农民工子女在流入地读普通高中已经放开,另外,决定人的命运的在户籍所在地报名的高考制度也进行了改革,原来大多数农民工子女在城市接受完义务教育后,必须回到户籍所在地就读普通高中,必须回到户籍所在地参加高考的问题已经解决。近年来,按照《国家教育规划纲要》提出并研究制定的进城务工人员随迁子女接受义务教育以后,在当地参加升学考试的办法,解决了农民工随迁子女的在流入地接受高中教育,以及异地参加高考的问题。由于流入地与流出地高考内容的不同,有些农民工随迁子女在接受义务教育后,如果回到户籍所在地就读普通高中,不可避免会对这些孩子造成很大影响。而对另外一些学习成绩较差的农民工随迁子女来说,初中毕业后即意味着辍学。他们过早地流入社会,已成为违法犯罪的高发群体。

(四)新生代农民工子女健康安全无保障

目前,农民工随迁子女的学前教育问题还尚未完全解决。农民工随迁子女由于户籍制度和经济条件等方面的原因,他们中的绝大部分只能无奈地进入那些"民办劣质"幼儿园,而这些幼儿园有个别的为无证经营的"黑户园"(即未经教育部门合法注册)。它们不仅师资水平有限,而且硬件设施、卫生状况等都存在着严重问题。如有的深居于阴暗的巷子;有的离农贸市场只有几步,类似家庭作坊;有的没有活动场所,孩子们从这间房子跑到另一间房子,算是活动了一下;有的幼儿活动房间常年不进阳光,严重威胁着儿童健康。中国消防网2012年10月16日报道:一所民工幼儿园建在嘉兴一企业老板新盖的厂房打算做仓库的房间里。幼儿园未设置疏散指示标志,未设置应急照明灯,只有一个安全出口,严重违反了《建筑设计防火规范》的规定。目前,由于我国"公办优质"幼儿园有限,各大城市普遍存在学前教育需求与供给失衡现象。因此即使类似"劣质"幼儿园,在城镇化大力推进的当下,也有一定的需求。

二 新生代农民工随迁子女教育存在问题的原因

导致新生代农民工随迁子女教育不平等有主客观多方面的因素,但主要表现在以下方面:

(一) 二元户籍制度屏障

中国的农民工问题与城乡二元户籍制度有着密切关系。改革开放后,随着工业化、城镇化步伐的逐步加快,二元户籍制度开始松动,大量农村剩余劳动力来到城市成为农民工。近年来,党中央国务院高度重视农民工随迁子女教育问题,我国的户籍制度和教育政策也随着实际情况不断变动优化。2003年国务院颁布了《关于进一步做好进城务工就业农民子女义务教育工作的意见》,2006年又修订《中华人民共和国义务教育法》,但法律法规的实施并未使农民工随迁子女的平等教育问题得到彻底解决。目前,城乡二元户籍制度仍在限制着农民工随迁子女平等接受学前教育及义务后教育。另外,尽管可以不在原籍地参加高考的教育制度已经废除,而农民工想在流入的大城市落户,以此解决孩子的教育问题简直是难上加难。

(二) 法律制度不完善

近年来,为解决教育公平问题,国家已经加强了教育领域的立法,但目前仍有不完善之处。其具体表现:一是有的法律法规规定的内容较为原则,缺乏可操作性。如2006年我国修订后的《义务教育法》规定:"父母或者其他法定监护人在非户籍所在地工作或者居住的适龄儿童、少年,在其父母或者其他法定监护人工作或者居住地接受义务教育的,当地人民政府应当为其提供平等接受义务教育的条件。具体办法由省、自治区、直辖市规定。"[①] 从法律的规定我们不难看出,农民工子女有在其父母或者其他法定监护人工作或者居住地接受义务教育的权利。但这项权利如何实现没有具体规定,而是采用了"具体办法由省、自治区、直辖市规定"这样较为原则的立法技术方法。如果从上述法条规定的进行学理解释,我们不难发现"父母

---

① 《义务教育法》,2013年6月12日,百度网 (http://www.nzxdzx.com/)。

或者其他法定监护人在非户籍所在地工作或者居住的适龄儿童、少年，在其父母或者其他法定监护人工作或者居住地接受义务教育的"①并不适用于农民工子女。因为，从合法性方面看，"非户籍所在地工作或者居住"要有证据证明。假设在北京工作或者居住的农民工其合法有效的证件是工作居住证或房屋产权证。而这两个证件目前对一些优秀的大学毕业生来说想取得都很难，对一般的农民工来说更是不可能。更何况，申请北京市工作居住证个人须满足的其中两个条件是"具有两年以上工作经历并取得学士（含）以上学位或具有中级（含）以上专业技术职称或相当资格、资质；在本市有固定住所。"可见，这两个条件农民工是不可能具备的。从现实情况看，当地政府由于各种主客观原因，很多也并没有为农民工子女提供接受义务教育的机会。也就是说，法律的原则规定，不仅离真正贯彻落实还有较大的空间，而且法律的适用范围是有一定限度的。二是有的法律法规采取列举式的立法技术，缺少应规定的内容。如按照《义务教育法》第4条规定："凡具有中华人民共和国国籍的适龄儿童、少年，不分性别、民族、种族、家庭财产状况、宗教信仰等，依法享有平等接受义务教育的权利，并履行接受义务教育的义务。"②这条法律规定的宗旨是为了实现教育平等，但是现实生活中出现教育不公的情形不仅仅局限于性别、民族、种族、家庭财产状况、宗教信仰，而更多的情况是决定其身份的"户口"。可以说，户籍制度不彻底改变，教育平等的实现就无从谈起。三是有些法律规范缺乏必备要素，没有法律责任的规定。如前所述，我国政府在21世纪之初就制定了允许农民工子女就读公立学校的政策，2006年修订的《中华人民共和国义务教育法》也对此进行了规定，按照政策法律规定，农民工子女应该享有平等的受教育权利。但从现实情况看，政策法律的规定并没有得到有效实施，一些教育机构以各种各样理由将农民工随迁子女拒之于公办幼儿园、公办优质中小学之外，究其原因主要在于法律制度的不

---

① 《义务教育法》，2013年6月12日，百度网（http://www.nzxdzx.com/）。
② 同上。

完善，法律责任的缺乏。

（三）政府责任缺位

地方政府及教育机构在处理农民工随迁子女的教育问题责任缺位表现在两个方面：一是因地方政府及教育机构方面的原因而导致责任缺位。由于农民工随迁子女的教育问题，不会对地方政府的政绩产生多大影响，致使一些地方政府及教育主管部门对农民工随迁子女教育问题的解决缺乏主动性、积极性。另外，有的地方政府与教育主管部门出于地方保护主义，将更多的教育机会与有限的教育资源提供给本地人。二是农民工随迁子女自身原因而引起地方政府与教育主管部门责任缺位。由于农民工随迁子女学习基础不好，流动性较强，许多是中途入学，而又中途转学或是退学，因此，许多公立学校为了保证学校的升学率和减少办理学生转进转出的种种手续，主观上也不愿意接收他们入学。另外，农民工随迁子女自卑心理或因受到的歧视所产生的心态扭曲，给学校管理带来的困难也是地方政府不主动，学校不愿意接收农民工随迁子女的重要原因。

（四）新生代农民工自身素质低的影响

新生代农民工政治参与能力与其自身掌握的文化知识和法律知识有着极大关系。新生代农民工中独生子女较多，他们基本接受过九年义务教育，但在此阶段他们只是了解了最基本的文化知识，对于法律知识以及政治常识尽管接触过，但他们多数没有兴趣学习，对于如何行使政治权利和政治自由更谈不上正确理解和清晰地认识。据调查，有50%以上的新生代农民工不清楚自己参加选举的人大代表是做什么的，其中有60%的人没有将选举权作为自己神圣的政治权利，更为严重的是有的竟然不知道自己还有选举权。

（五）外部因素的制约

新生代农民工随迁子女教育不平等状况的存在，不仅有体制、制度方面的因素，还有其他客观因素的制约。我国《义务教育法》第8条规定：义务教育事业，在国务院领导下，实行地方负责、分级管理。可见，按照规定，我国目前实行的是"地方负责，分级办学"的义务教育体制，其主要内容是中央政府主要负担由中央各部门兴办的教育机构的拨款，同时对落后地区的教育发展给予一定的资助；而地方财政主要负担由各级地方政府举办的教育机构的预算内拨款。这一体制尽管为我国发展基础教育发挥了重要作用，但也产生了一定的负面效应。由于我国目前各地区经济发展的不平衡，义务教育经费主要由地方负责必然会引起地区间教育经费的贫富不均，从而必然引起地区间教育机会的不平等，尤其是农民工流入较多的城市，由于其子女无法享受流出地政府的教育补助，致使流入地教育财政资金更加紧张。据有关数据显示，财政状况较好的广东东莞，由于外来流动人口数量较大，因此，其财力按照户籍人口计算，比全国平均水平高2.6倍，但是如果把所有外来流动人口计算在内，东莞的人均财力只有全国平均水平的不到70%。

三 解决新生代农民工随迁子女教育问题的对策

当前，解决新生代农民工随迁子女教育平等问题已成为国家发展、社会和谐稳定的紧迫问题，亟须从以下方面入手。

(一) 改革教育制度落实平等原则

制度构建是解决农民工随迁子女教育平等问题的关键。首先，改革以户籍为标准的入学制度。在我国，20世纪50年代建立起的户籍制度的影响根深蒂固。尽管目前在一些较为发达地区逐步放开了户籍政策，但一些地区实行的新的人口管理办法，仍然无法满足在此区域内务工的所有农民工的需要。有的明确规定必须满足"在同一居住地连续居住并依法缴纳社保满5年，其子女接受学前教育、义务教育，享有与常住户口学生同等对待"等条件。如果达不到这个硬性条件，其子女就不能享有相同的受教育机会。诚然，一些地区实行的新的人口管理办法与以往严格的二元户籍管理制度相比是很大的进步，但这一制度却与我国现行《义务教育法》规定的公民享有平等的受教育权利的原则不一致。笔者认为，改革教育制度，实现教育平等，就是要彻底消除制度屏障，而不能将教育再附加任何条件，依附于其他不平等制度之上。尤其是"学前教育要体现公益性、普惠性"。因此，为避免国际社会对我们不尊重人权的攻击之嫌，我们应该取消小城市，特别是城镇的二元户籍管理，实行无条件准入，而且政府应加大政策、财政支持力度，这既符合城市化的发展目标，又与法律规定相一致。其次，完善异地高考制度。近年来，教育公平一直是社会关注的热点。2010年教育部提出的国家教育体制改革试点重点内容之一就是流动农民工随迁子女，在流入地平等接受义务教育和参加升学考试。目前异地高考制度已经建立，下一步是如何完善的问题。随着现代化技术不断完备，即使地球与太空都可以互发信息，因此，身份的确认就没有必要以户口为标准。更重要的是高考制度本身应具有公平性，考试成绩应该是衡量教育公平与否的唯一标准，是平等竞争的结果。如果考试成绩与户籍或其父母的身份地位等其他因素相关，既违背法律追求平等的理念，又不符合国际社会发展的趋势。因此，改革教育制度，实行平等竞争才是我国走向文明的最佳选择。

（二）完善法律法规进行制度创新

2003年9月，国务院办公厅转发的教育部《关于进一步做好进城务工就业农民子女义务教育工作的意见》，以及2006年9月1日修订后的《中华人民共和国义务教育法》等法律法规的颁布实施，既表明了党中央、国务院对农民工子女受教育问题的重视，又意味着国家将从法律层面解决农民工子女的教育问题。但遗憾的是，由于相关法律缺乏具体的操作性，而且法律法规规定的内容不统一，彼此不协调，致使法律缺乏强有力的执行力。因此，为了使城市中弱势群体的新生代农民工子女尽快摆脱教育困境，应尽快修改与公民平等享有受教育权不相符合的法律规定，在坚持《义务教育法》原则规定的基础上，对其相关制度予以完善。同时，面对越来越庞大的新生代农民工随迁子女群体，在坚持"两为主"的前提下，政府应以法律形式鼓励发展民办教育，明确民办教育机构的地位、准入条件、资金来源、教学质量、师资待遇等问题，从而使其能够在法治轨道上健康发展。

（三）促使经济高质量发展提供物质支撑

常言道，"再苦不能苦孩子，再穷不能穷教育"，但"巧妇难为无米之炊"。在地方财政整体紧张的情况下，即使政府及教育部门有实现教育平等的愿望，但却缺乏实现教育平等的条件。据千龙网2010年6月8日报道，为了能让孩子进入"收费低、服务好"的公办幼儿园学习，百余名家长在昌平区工业幼儿园还未发布招生简章时便自发前往排队七昼夜等待报名。为缓解"入园难""入园贵"问题，2017年1月18日上午，国务院发布了《关于鼓励社会力量兴办教育促进民办教育健康发展的若干意见》①。目前，很多城市按户籍人口入园都比较困难的情况下，根本无暇顾及非户籍的儿童。学前教育是这样，义务教育的状况也是如此。因此，我们要在制度创新基础上，重视农民工子女教育的外部性问题，大力发展经济，加大教育财政投入，为实现教育平等奠定较为坚实的物质基础，更好地满足人民对优质教育的需求。

第二节　新生代农民工的社会保障

一　新生代农民工社会保障状况

所谓社会保障，是指在政府的管理之下，以国家为主体，依据一定的法律和规定，通过国民收入的再分配，以社会保障基金为依托，对公民在暂时或者永久性失去劳动能力以及由于各种原因生活发生困难时给予物质帮助，用以保障居民的最基本的生活需要的一种制度。社会保障制度包括社会保险制度、社会福利制度、社会救济制度、社会优抚制度、社会互助制度等。

新生代农民工融入城市需要解决一系列问题。然而，在诸多问题中社会保障问题是当前解决新生代农民工融入城市最迫切、最现实的问题。当前社会保障的缺失已成为新生代农民工融入城市的严重障碍。到目前为止，"绝大多数农民工在工资低、风险高、条件差行业里就业。他们工作中工伤事故和职业病高发，时常面临失业的风险，并且许多年岁已高，但是，他们的参保比例却非常低。这意味着农民

---

① 教育部：《国务院关于鼓励社会力量兴办教育促进民办教育健康发展的若干意见》，2017年1月18日，千龙网（http://news.cqnews.net/）。

工的养老、医保、工伤、就业等方面相对于其他行业和职工来说，有更高的风险。"[1] 2010 年，在新生代农民工中，"享有养老、医疗、工伤、失业保险的比例分别为 67.7%、77.4%、55.9% 和 30.7%，企业的缴费标准大多以各地的缴费下线为准，而城市最低生活保障的保障对象为当地城市户籍人口，农民工基本上没有享受该项保障的权利。"[2] 据国家统计局《2016 年农民工监测调查报告》显示，"截止到 2015 年底，在农民工中享有养老、工伤、医疗、失业、生育保险的比例分别为 16.7%、26.2%、17.6%、10.5% 和 7.8%。"[3] 据某课题组调查：2016 年，有 20.7% 的新生代农民工没有参加任何社会保险，只参加一种保险的为 41.7%，五种保险全保的为 23.1%。调查表明，他们参加养老保险、生育保险的比例明显低于城镇居民。

表 4-1　2010—2014 农民工合同签订和各项社会保险参与率　　单位：%

年份	2010	2011	2012	2013	2014
劳动合同	42	43.8	43.9	41.3	38
养老保险	9.5	13.9	14.3	15.7	16.7
工伤保险	24.1	23.6	24	28.5	26.2
医疗保险	14.3	16.7	16.9	17.6	17.6
失业保险	4.9	8	8.4	9.1	10.5
生育保险	2.9	5.6	6.1	6.6	7.8
住房公积金					5.5

数据来源：国家统计局：农民工调查报告（2010—2014）。

二　新生代农民工社会保障面临的主要问题

社会保障作为国家的安全网对维护社会和谐稳定起着至关重要的

---

[1] 胡海军：《解决农民工社保落实难需要综合施策》，2017 年 1 月 19 日，南方网（http://opinion.southcn.com/）。
[2] 全国总工会：《关于新生代农民工问题的研究报告》，《工人日报》2010 年 6 月 21 日。
[3] 国家统计局统计：《2016 年农民工监测调查报告》，2017 年 4 月 28 日，国家统计局网（http://www.stats.gov.cn/）。

作用。然而，目前新生代农民工中仍有一部分在这张安全网之外[①]，他们在社会保障方面面临以下问题。

（一）新生代农民工社会保险缺失

目前，随着新生代农民工队伍不断扩大，农民工社会保险问题日益突出，尽管农民工社会保险制度在逐步完善，但农民工参加社会保险的还不多。据调查结果显示，63%的被访者表示单位没有为其购买全部的保险，其中23%明确表示单位没有为其购买保险（见图4-1），有的即使参保了，也多为养老保险、医疗保险，很少参加工伤保险、失业、生育保险。其主要情况如下：

1. 工伤保险缺失。工伤保险是指劳动者因工作原因遭受意外伤害、职业患病、致残或死亡，暂时或永久丧失劳动能力，由国家、社会依着法律规定提供医疗生活保障及必要的经济补偿的一种社会保险制度。工伤保险的保险费用劳动者个人不缴纳，而由用人单位缴纳。根据我国《工伤保险条例》规定："工伤保险的适用范围包括中国境内各类企业、有雇工的个体工商户以及这些用人单位的全部职工或者雇工。"[②] 也就是说，在中国境内的各类企业以及有雇工的个体工商户均必须参加工伤保险。

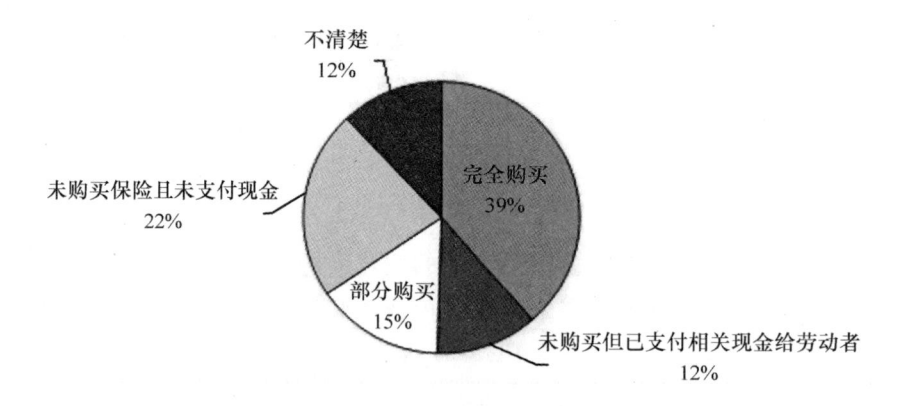

图4-1 新生代农民工所在单位购买保险的情况

[①] 伍珂：《新生代农民工社会保障现状分析》，《科技创业月刊》2011年第7期。
[②] 《工伤保险条例》，2011年1月1日，360百科（https://baike.so.com/）。

当前，工伤保险是新生代农民工最基本、最必要的险种，因为他们在城市从事的一般都是最累、最脏、劳动环境恶劣的工作，他们在劳动过程中安全隐患高，极易发生伤残等事故。但是，许多企业为了减少成本，逃避责任，不交或少交保险费用，给新生代农民工人身安全保障埋下了隐患。① 国家安全生产监督管理局2016年2月27日发布的统计数字显示，2016年，在全国发生的煤矿较大事故死亡者中农民工占大多数。据调查，目前仅有的少数雇主为新生代农民工办理了工伤保险。这对在高温、高压、高辐射企业工作的新生代农民工来说，别说企业不给买保险，就是暂时给买了保险对将来也往往无济于事。原因在于因安全隐患受到的伤害不是立即或短期内能够发现的，有的潜伏过程较长，等到发病时劳动者与用人单位已脱离了关系。目前针对新生代农民工一般的工伤保险问题状况都不乐观，而有关安全隐患的保险问题就更无从谈起。不过，全国各地情况也不完全一样。近年来，大连市有关部门克服诸多困难与阻碍，形成了一整套行之有效的规章制度，他们为农民工办理工伤保险一个显著特点就是农民工个人无须付费。几年来，大连市农民工工伤保险参保水平不断提升，大连市建委管理的建筑业企业农民工参保率更是达到了100%，在全国处于领先水平。

2. 养老保险缺失。据人力资源社会保障部发布，截至2014年12月，全国农民工参加基本养老保险率为16.7%，而83.3%的农民工没有参加基本养老保险。据调查，新生代农民工没有参加基本养老保险的比例更高。而在为数不多的参保人群里面，在一些地区还出现了严重退保现象。从总体看，新生代农民工的养老意识比其父辈有所增强，但由于我国目前现行养老保险体制设计与其他保险体制设计一样，存在参保人员跨省转移后无法接续的弊端，加之网络信息平台建设不完备，致使企业为新生代农民工缴纳的那部分养老保险没有办法随着他们的个人账户一起流动。② 在城市化进程中，亟须采取有针对

---

① 王辉：《新生代农民工社会保障问题》，2012年5月21日，中国论文网（http://www.xzbu.com/）。

② 伍珂：《新生代农民工社会保障现状分析》，《科技创业月刊》2011年第7期。

性的措施加以解决。

3. 医疗保险缺失。医疗保险是农民工参保人数比较多的一个险种。截至2016年年末，全国农民工参加基本医疗保险人数为4825万人。可见，这一数量比2011年的4594万还有所下降。笔者认为，农民工参保人数下降应该引起重视。从历年的就业统计数据来看，农民工总量以及其中的外出农民工人数均呈逐年增加的趋势，而农民工参加职工医保的人数却连续两年有所下降（且2016年下降幅度较大），显得不合常理。早在2006年3月，《国务院关于解决农民工问题的若干意见》强调，"抓紧解决农民工大病医疗保障问题"。可见，几年前我国政府就把医疗保险问题摆在了突出位置。2006年4月，劳动和社会保障部印发了《关于贯彻落实国务院关于解决农民工问题的若干意见的实施意见》，明确提出"争取2008年底将与城镇用人单位建立劳动关系的农民工基本纳入医疗保险"[①]的目标。2007年7月2日全国社会保障工作座谈会在成都召开。会后此项工作进入实施阶段。如某市将140余万农民工全部纳入城镇职工社会保险体系，实现了农民工与城镇职工平等享有社会保险待遇。[②]从全国范围看，成都的医疗保险工作成绩显著，社会保险保障水平逐年提高，率先实施农民工综合社会保险与城镇职工社会保险并轨接续。另据调查，目前在全国范围内，新生代农民工医疗保险参保率为19.6%。由此可见，目前尚有一大部分新生代农民工仍然没有被基本医疗保险所覆盖。即便是享受医疗保险的农民工实际医疗保险水平也不高。他们生病时，一般能挺则挺，能忍则忍，他们"看病难，看病贵"的现状，并没随着《中共中央国务院关于深化医药卫生体制改革的意见》确定的"到2011年，明显减轻中国居民的就医费用负担"的目标而得到缓解。

4. 生育保险缺失。在生育保险方面按照我国目前的参保规定，凡

[①] 劳动和社会保障部：《关于贯彻落实国务院关于解决农民工问题的若干意见的实施意见》，2015年1月31日，大律师网（http://www.maxlaw.cn/）。

[②] 《成都2011年城乡居民基本医疗保险参保率达98.6%》，2012年2月15日，中国新闻网（http://www.chinanews.com）。

是与用人单位建立劳动关系的外来务工人员,用人单位都应该为其参加生育保险,及时缴纳保费,外来务工人员无须缴纳费用。① 2012年4月18日,国务院正式发布的《女职工劳动保护特别规定》明确指出:"女职工产假期间的生育津贴,对已经参加生育保险的,按照用人单位上年度职工月平均工资的标准由生育保险基金支付;对未参加生育保险的,按照女职工产假前工资的标准由用人单位支付。"②"女职工生育或者流产的医疗费用,按照生育保险规定的项目和标准,对已经参加生育保险的,由生育保险基金支付;对未参加生育保险的,由用人单位支付。"这是在立法上对生育保险这一社会保障制度的完善。然而,有关新生代农民工的生育保险制度在现实生活中执行的情况并不乐观。据调查,目前,很多用人单位根本就不给职工上生育险,导致农民工迫不得已自己承担各项费用。还有一些用人单位找各种借口,变换各种花样,采用各种方式,如调离工作岗位、降低现有工资,迫使女职工自动辞职;或通知女职工停止工作,然后以旷工为由辞退女职工,以此规避法律责任。2012年5月16日《法制日报》曾报道,目前存在不少女性在怀孕后,被调岗、降薪、增加工作量、以开除相要挟迫使在"自动辞职书"上签字,甚至违法辞退等行为,并且辞退的理由多为"严重违纪"。如蔺某曾在一家大型公司的北京办事处从事销售工作。当年她发现自己怀孕了,在跟公司领导谈完之后,结果反倒被降薪降职,增加了劳动强度。后来公司看她仍然上班后又通知她"协助调查",理由是有人举报她贪污公款。目前企业不给女农民工交生育保险的费用的理由多种多样,这种状况令人深思。

5. 失业保险缺失。失业保险是农民工参保人数最少的一个险种,截至2014年9月,全国农民工参加失业保险人数仅为10.5%。按照我国现有对用人单位招用外来务工人员的规定,失业保险缴费基数按基本养老保险缴费基数的2%缴纳,本人不用缴纳失业保险费用③,

---

① 劳动部:《企业职工生育保险试行办法》,《人民日报》1994年12月14日。
② 国务院:《女职工劳动保护特别规定》,2012年4月28日,360百科(https://baike.so.com/)。
③ 伍珂:《新生代农民工社会保障现状分析》,《科技创业月刊》2011年第7期。

最低缴费期规定为一年，受益期为 12—24 个月。目前新生代农民工失业后多半是靠自己的积蓄生活，或者是向亲友、老乡借钱继续维持城市生活，有的最后在没有任何救济办法的情况下生活便陷入了困境。

（二）新生代农民工社会救助缺失

社会救助是最基本的社会保障措施，是国家和其他社会主体为社会的弱势群体提供的保障其最低生活水平的各种措施。新生代农民工仍然多数处于城市底层。在劳动方面，他们工作不稳定、劳动报酬较低；在卫生环境方面，他们居住条件相当恶劣，多数合伙租住于城乡接合部、城市卫生死角的农居点；在饮食方面，他们有的连续几天一日三餐吃馒头，喝菜汤，缺乏人体所必需的营养；在卫生健康方面，一些人患有疾病后失去劳动能力，又没钱医治，形成恶性循环，导致更加贫困。由此我们不难看出，新生代农民工是迫切需要国家相应救助制度保障的群体。然而，目前我国社会救助制度主要是面向城市贫困人口的社会救助制度，新生代农民工的社会救助制度还一直处于缺失状态，他们陷入困境时不能及时得到社会救助。因此，目前尽快构建新生代农民工社会救助制度，保障这一群体面对困境时基本生活能够得以维续已显得尤为重要。

（三）新生代农民工社会福利缺失

长期以来，人们往往认为农民工的社会福利应该与土地相连。因为他们不但户籍在农村，而且还有与土地相连的利益。由此认为，社会福利理所当然应该专属城市居民。而现实的社会福利制度也的确如此。按照相关制度规定，大多数农民工很难享受到城市职工所享有的福利。以住房为例，目前城市不断攀升的高房价，对于收入水平相对较低的新生代农民工来说，在城里买房只能是一种奢望，或者说在现有政策不改变的情况下是不可能实现的梦想。因为他们每月平均不到 3000 元的收入，除了日常生活所剩无几，即使不吃不喝也得积攒 20 余年。因此，他们几年，甚至十几年来只能迫不得已地租住在脏、乱、差的城乡接合部。有的新生代农民工形象地把政府安排解决的住房称为"救命房"。然而，这些"救命房"能救多少条新生代农民工的命的确令人深思。新生代农民工社会福利缺失在住房方面表现得尤为突出。

三 新生代农民工社会保障存在问题的深层次原因

(一) 城乡二元结构

我国长期实行的城乡二元结构是新生代农民工社会保障问题产生的根本原因。改革开放以来,我国颁布的有关社会保障方面的法律规范基本都是以身份为标准确定的,如国务院颁布《城市居民最低生活保障条例》第1条明确指出,该条例的立法宗旨是为了规范城市居民最低生活保障制度,保障城市居民基本生活。而第2条更明确了这一问题。该条例规定:"持有非农业户口的城市居民,凡共同生活的家庭成员人均收入低于当地城市居民最低生活保障标准的,均有从当地人民政府获得基本生活物质帮助的权利。"[①]

(二) 社会保障立法滞后

目前从立法方面上看,我国有关新生代农民工社会保障方面还处于无法可依的局面。2011年7月我国施行的《社会保险法》,尽管解决了一些新生代农民工社会保障的困境,但这部法律毕竟是一部框架式法律,而且有些内容是以过去30多年间根植于"城乡分割",并以户籍为适用基础上的各种保障制度为其实施条件的。如《社会保险法》第45条规定了领取失业保险待遇的条件,其中第1款第3项为"已经进行失业登记,并有求职要求。"然而,自1995年开始施行的《就业登记规定》明确规定的是"就业、失业登记制度适用于城镇户口劳动者。"由此可见,如果失业登记制度未进行相应修正,"农民工"极有可能仍被排除在实质的失业保障制度之外。为解决《社会保险法》实施后的这一难题,为建立健全失业登记制度,深圳、沈阳、南京等地已经出台了当地的《失业登记管理暂行办法》,但更高层级全国统一的相应规范性文件还没出台。

---

① 国务院《城市居民最低生活保障条例》,2008年10月24日,网易新闻中心(http://news.163.com)。

（三）政府管理不到位

由于新生代农民工职业期望值较高，并且具有较大的流动性，但目前我国现行社会保险转移政策及管理手段尚不适应这一需要，因此极大地降低了新生代农民工参保的积极性。目前，尽管一些新生代农民工掌握了一些保险知识，具有了一定的保险意识，但他们更多的人还是愿意选择近期能够受益或投保当时就可受益的险种。因为按照现行保险有关规定，新生代农民工一旦离开原来打工的城市，其所缴纳的社会保障费用就会化为乌有。这种情况不可避免地令许多新生代农民工对社会保障有抵触情绪，以至于影响我国社会保障制度优越性的充分发挥。据调查，因社会保险关系难以转移接续缘故而不参保或退保的新生代农民工竟占为71.7%。当然，因社会保险不能转移接续造成参保率较低的原因是多方面的，但政府应该出台足够的社会保险转移政策以及相应的管理手段，承担政府应该承担的责任，否则就是缺位。

（四）社会保险关系难以接续

由于农民工职业期望值较高，具有较大的流动性。他们不仅在同一地域之间频繁变动工作岗位，而且还跨地域流动。而现行社会保险转移政策以及管理手段尚不适应农民频繁流动的需要，因此极大地降低了农民工参保的积极性，这也是造成他们参保率较低的一个重要原因。

四 新生代农民工社会保障制度完善的对策

新生代农民工有着融入城市的强烈愿望，但是事实上，城市距离他们梦想中的天堂还很遥远。二元社会结构的桎梏、居住条件恶劣、城市社会保障制度的藩篱，致使这一群体有的烦躁、迷茫、抱怨，有的梦想破灭，有的带着几丝悔恨和眷恋迫不得已放弃了成为城里人的念头。他们这种状况无论对自身、对社会，还是对我国未来经济社会的发展都有着极为不利的影响。新生代农民工的社会保障制度的完善是一个复杂的社会系统工程，不仅涉及带有计划经济色彩城乡分割的社会保障制度的改革与创新，而且还涉及一些既得社会利益之间的冲突和现有社会资源的重新分配，需要国家和社会及政府相关部门的共同努力。因此，建立健全新生代农民工社会保障制度已显得尤为迫切。其具体办法应从以下方面入手：

(一) 改革现有的社会保障制度

改革现有的社会保障制度，目的是让新生代农民工获得和城市居民一样的平等待遇，实现其平等权。改革现有的社会保障制度，关键是要改革社会保障依附于户籍的现状，推行与社会保障挂钩的居住证等制度。实行这项改革关键是应与其他制度配套进行。此外，针对社会保障的状况，除养老保险等外，要格外重视失业保险，以帮助职业不稳定的新生代农民工渡过困难期。要将他们纳入保障性住房体系，随后再纳入其他社保体系，最终实现城乡对接的"一元"社会保障制度，以逐步达到将新生代农民工转化为市民的目标。

(二) 完善社会保障立法，健全社会保障法制

现行新生代农民工社会保障法律不健全、法制不完善，是产生新生代农民工社会保障问题的制度缺陷。目前我国有关农民工方面的立法仍然严重滞后，至今为止，我国还没有制定完整统一的《农民工权益保障法》，涉及新生代农民工社会保障制度的立法更是一片空白。因此，为了使新生代农民工能够体面工作，有尊严的生活，必须加强新生代农民工社会保障立法，并对现有的带有歧视性色彩的与已经施行的《社会保险法》不一致的法规规章进行修改完善。如，我国2014年12月23日修订的《就业服务与就业管理规定》第63条规定："在法定劳动年龄内有劳动能力有就业要求处于无业状态的城镇常住人员可以到常住地的公共就业服务机构进行失业登记。"这就意味着就业、失业登记制度只适用于城镇户口劳动者，而不适用农民工。笔者认为应改为"就业、失业登记制度适用于具有劳动能力的劳动者。"使其与《社会保险法》第45条规定"领取失业保险待遇的条件是已经进行失业登记，并有求职要求"的内容相一致。此外，国家应尽快修改类似于《就业服务与就业管理规定》的法规，并在条件成熟时制定专门的《农民工社会保障法》，全面系统地对农民工医疗、养老、工伤、失业、社会救济等保障制度及原则做出明确具体的

规定。

（三）建立健全社会保险关系转移接续机制

建立健全社会保险关系转移接续机制，解决新生代农民工社会保险方面的后顾之忧。新生代农民工社会保障制度实施的效果至少取决于两方面因素：一是保障制度的确立要适合新生代农民工的特点和需要；二是社会保障的管理要充分考虑保持与现行制度的衔接。从目前看，应当首先把新生代农民工纳入城镇社会保障体系，同时要充分考虑新生代农民工工作场所的不固定、工资收入的不稳定、未来归宿的不确定等因素，在此基础上应尽快确定一个确保社会保障关系能够在城乡之间、地区之间转移的管理模式，而保障制度的确立，以及社会保险关系转移接续，不是靠社会力量或农民工自身努力能够完成的，而必须由政府出面予以解决。政府在解决新生代农民工社会保障问题的同时，要进一步完善农村社会保障体系，逐步推进城乡社会保障一体化建设，确保社会保险关系在我国960万平方公里的土地上能够有效转移。

第三节 新生代农民工的住房问题

一 新生代农民工的住房状况

住房问题是新生代农民工在城市生活遇到的最基本问题之一。正如前所述，新生代农民工具有融入城市的强烈愿望，他们怀抱扎根城市的梦想，盼望在城市能有栖身之地。然而，对绝大多数新生代农民工来说，这一美梦至今未能成真。截至2017年12月末，全国各地无论经济适用房、限价房、棚改房、还是廉租房、公租房、共有产权房，通常都是以户籍、社保、纳税记录作为申请条件。市场上目前没有针对流动人口的质化、标准化的产品。城市中居高不下的房价和他们的微薄收入相差非常悬殊。身份的限制、政策约束更使他们感到在城市拥有住房是一种奢望。可以说，解决新生代农民工的住房问题，保障其基本居住权利，是解决新生代农民工融入城市的根本。

近年来，党和政府高度重视农民工的住房问题。早在2008年1

月10日，建设部、发改委、财政部、劳动和社会保障部和国土资源部五部委印发《关于改善农民工居住条件的指导意见》，首次提出"各地要将长期在城市就业与生活的农民工居住问题，纳入城市住房建设规划"。近年来，以习近平总书记为核心的党中央高度重视住房问题。十九大报告再次提出，坚持房子是用来住的，不是用来炒的定位，加快建立多主体供给、多渠道保证、租购并举的住房制度，让全体人民住有所居，当前，中国的市场城镇化过程还没有结束，大量的农民工要进入城市，但是大城市由于房价过高，对于城市新增人口购买住房非常困难。由此可见，党和政府高度重视农民工的住房问题的程度。新生代农民工的问题有就业、教育、维权等诸多方面，但新生代农民工这一概念第一次在中央文件中出现就和他们的住房问题联系在一起。新生代农民工他们能否融入城市基础，住房问题是他们急切盼望解决的，正如唐代大诗人杜甫所言："安得广厦千万间，大庇天下寒士俱欢颜。"

新生代农民工与其父辈不同，他们来到城市不仅仅是为了生存，更重要的是为了寻求更好的发展机会，盼望有朝一日能在城市安家落户。[①] 按照他们的说法，就是"死也要死在城市"。因为城市对他们而言不仅意味着有较为优越的生活条件，更意味着是人生旅途的一种转折。2017年6月10日，浙江大学中国农村发展研究院发布了《中国农村家庭发展报告（2016）》蓝皮书指出农民工家庭"离农"趋势十分明显。目前，越来越多的新生代农民工迁出工棚，用仅有的微薄收入，通过与人合租等方式在城里解决自己的栖身之地。新生代农民工解决住房的方式主要有三种：一是农民工自行租赁；二是由用人企业提供；三是居住在工作场所。在这三种方式中，第一种方式所占的比例逐渐增大。根据2017年民革江苏省委集体提案中的数据显示，大部分农民工均在私营及个体企业工作，已占到了总人数的六成以上（62%），仅有16%的职工是通过单位提供集体宿舍的形式解决居住

---

① 在路上：《新生代民工不想再是城市过客：平等比生存更重要》，《中国青年报》2007年9月17日。

问题。这种情况各地都大同小异。据调查，在访谈的对象中有51.6%租房居住，其中独立租赁者为17.6%；31.7%的住在集体宿舍；而在工棚住宿的仅有8.6%；其余的8.1%在亲朋好友处或独立购房居住。由于新生代农民工工资收入普遍偏低，面对城市高昂的房价，调查者中只有6.6%的人通过个人努力或得到父母的资助在市区购买了住房。新生代农民工在住房方式与上一代农民工有所不同。随着就业范围的逐步扩大，农民工也不仅仅局限于在建筑业等行业工作，他们所在工作行业的性质使得他们居住方式有所改变。据《黑龙江新生代农民工政治参与调查报告》显示，黑龙江省新生代农民工在国有或集体所有企事业单位工作的占10.1%；在个体、私营或"三资"企业工作的占64.7%；自己做生意的占5.4%；打零工的占12.8%；其他占7.0%。尽管这是前几年的数据，但这种状况如今仍没有特别显著的变化。据国家统计局发布的《2016年农民工监测调查报告》显示，独立租房、购房、早出晚归的农民工比重上升。在外出农民工中，在单位宿舍居住的占28.7%，比上年提高0.4个百分点；在工地工棚居住的占11.1%，下降0.6个百分点；在生产经营场所居住的占4.8%，下降0.7个百分点；与他人合租的占18.1%，下降0.3个百分点；独立租赁居住的占18.9%，提高0.4个百分点；乡外从业回家居住的占14%，提高0.7个百分点；在务工地自购住房的农民工比例为1.3%，提高0.3个百分点。上述数据表明，目前在我国仍有近一半的农民工在外打工谋生而不能回家居住，即有家难回。

二 新生代农民工住房面临的主要问题

尽管新生代农民工居住条件与其父辈们相比已经有所改善。但与市民相比仍存在很大的差距。根据笔者调查情况，以及不同地区、不同范围的研究结果看，新生代农民工在住房方面仍面临着问题。

（一）居住条件差

新生代农民工的住房问题是党和政府高度重视的问题。2014年中央和国务院出台了《国家新型城镇化发展纲要》和《关于进一步推进户籍制度改革的意见》，对进城农民工住房问题作出了全面部署。

根据中央的精神解决新生代农民工的住房问题首先就是要改善他们的居住条件。然而，新生代农民工的居住条件的确令人担忧。他们通过各种形式解决的住房条件都不尽如人意。其具体表现：第一，居住环境不尽如人意。按照联合国人居署的标准，"建筑密度高、没有入户自来水或自用卫生间都算贫民窟"。我国将居住条件不好的称为"棚户区"等。我国新生代农民工的居住条件尽管有入户自来水，但是多数没有自用卫生间，几个人共住一间房屋，多数人均面积不足5平方米，更谈不上单独的浴室，相当一部分在建筑领域工作的新生代农民工，由于日常居住缺少上述必备条件，使得他们身上散发出难闻的气味。第二，地点偏远，并存在安全隐患。由于城市中心房屋价格普遍较高，致使一些新生代农民工居住在城中村的一些临建房或简易房中。这些房屋冬天没有较好的取暖设施，夏天室内非常潮湿，安全隐患较大。不仅如此，还随时面临拆迁或者"拆违"①。由此可见，新生代农民工的住房状况的确令人担忧，但这已成为他们无奈的选择。因为较低的工资收入与城市的高昂房价相比可谓天地之差。据课题组调查，目前在东北地区的哈尔滨市别说是新生代农民工自购房屋，就是每月租房居住都使他们一些人入不敷出。他们在该城市打工的平均每月工资收入为3000元左右，但在该城市租赁一室一厅的住房月租金已达到1500元左右，更何况他们还要有吃饭、上网、数据通信等费用，因此，单独租房对他们来说基本没有可能性。在此情况下，一些新生代农民工只好合租住房，并且合租者相互间有的没有性别的区分，有的男孩、女孩合租一套住房，不得不共用同一个卫生间、厨房。在这种情况下，尽管房屋租金降低了，但个人的独享空间没有了，生活质量有所下降。

（二）住房存在着制度方面的约束

尽管在2010年中央一号文件出台之前国家就出台过解决农民工住房问题的政策，如，2006年3月，《国务院关于解决农民工问题的意见》明确提出"要多渠道改善农民工居住条件"；2007年8月，

---

① ［英］梅因：《古代法》，沈景一译，商务印书馆1996年版。

《国务院关于解决城市低收入家庭住房困难的若干意见》，再次明确提出"要多渠道改善农民工居住条件"，同年，建设部等五部委颁布的《关于改善农民工居住条件的指导意见》，明确规定"各地要将长期在城市就业与生活的农民工居住问题纳入城市住房建设规划"。特别是2014年党中央和国务院出台的《国家新型城镇化发展纲要》和《关于进一步推进户籍制度改革的意见》，对进城农民工住房问题作出了全面部署。然而，时至今日，一些地区享有保障性住房的一个根本性条件仍然是"户籍"，这就把没有户籍的农民工排除在保障性住房之外。据调查，某市廉租住房小区之内竟没有一户业主是"农民工"。另外，针对新生代农民工住房问题，迄今为止，我国尚未出台一部专门解决农民工住房问题的法规，更谈不上专门法律，有关解决新生代农民工住房问题的规定都散见在一些政策性文件之中。

三 新生代农民工住房存在问题的原因

（一）城乡"二元结构"的影响

现行城镇住房政策，使得新生代农民工城市住房梦难圆。到目前为止，中国城市住房制度仍然具有很强的分割性，每一种制度都针对特定的适用对象，致使另一部分人被排斥在外。自改革开放后，我国城镇住房改革先后推出了提租发补贴、买房给优惠、建设经济适用房和安居工程、实施住房货币化补贴以及廉租住房等措施，但这些政策适用的对象都是城市居民。如，2007年12月由建设部等部委联合发布的《经济适用住房管理办法》，以及2008年1月由财政部正式发布实施的《廉租住房保障资金管理办法》，都明确规定保障对象是"城镇中低收入群体"。由于农民工没有城市户口，多数地方一直将这一群体排斥在保障性住房范围之外。在这一问题上，之所以作出如此规定，问题很简单，因为从政策设计层面来看，无论是经济适用住房，还是廉租保障性住房，其建设费用主要由地方财政买单。各地如果将农民工纳入其中，必然会增加地方财政支出，这又会遭到市民的反对。而当地城市居民的反对又会给地方政府带来较大的负面效应，影响执政的稳定性。因此，如果不是中央的硬性规定，不是迫于问责等压力，地方政府一般是不会主动地将农民工纳入到当地住房保障体系之中的。

早在 2004 年，中央一号文件首次提出"进城就业的农村劳动力已经成为产业工人的重要组成部分"，把农民工正式列入了产业工人的队伍。但由于户籍的限制，他们中的绝大部分至今仍未能成为城里人。为此，国务院总理温家宝在 2010 年的《政府工作报告》中明确提出："推进户籍制度改革，放宽中小城市和小城镇落户条件。"目前广东省农民工落户城市实行"积分制"；而劳务输出大省的四川尤其是成都市，近年来率先取消了迁入指标限制，以"准入条件"代替入城指标，又率先在全国建立起了"一元化"户籍登记制度，逐步取消"农业户口"和"非农业户口"性质划分，统一登记为"居民户口"。据《法制日报》2017 年 12 月 12 日报道，重庆丰都县出了一条新政策，农民工也可以用公积金贷款买房，而且政府还有补贴。这些措施推进了城市化、现代化的进程。

(二) 我国相关法律处于空白

迄今为止，我国尚未出台一部专门解决农民工住房方面的法规，更谈不上专门的法律，有关解决新生代农民工住房问题的规定都散见在一些政策性文件之中。2016 年 2 月 20 日，住房和城乡建设部在四川省眉山市召开支持农民工和农民进城购房工作座谈会。参会后，在重庆市国土房管局鼓励支持下，丰都县在引导农民工和农民进城购房安居方面进行了探索。目前，尽管重庆丰都县出台了一条新政策，农民工也可以用公积金贷款买房，而且政府还有补贴。但这只是地方性的政策，不具有法律效力。

(三) 政府管理不到位

近年来，农民工的住房保障问题已引起了中央的高度重视，负责农民工住房问题的住房和城乡建设部等部门多次出台相关文件，引导和督促各级政府改善和解决农民工的住房问题。各地在中央政策的指导下，也纷纷出台相关措施，进行了多种形式的实践，并形成了较为典型的五大模式：如，上海市马陆镇工业区的企业员工公寓建设的

"上海模式"，城市闲置楼房开发改造的"棒棒公寓"的"重庆模式"，建设廉租住房的"长沙模式"，多途径综合"苏南模式"，以及公积金覆盖的"湖州模式"。但从目前来看，即使中央已经出台一些解决新生代农民工住房问题的政策，但地方政府解决新生代农民工住房问题的实践尚存在着诸多不足之处，甚至表现出责任缺位。由于新生代农民工的住房满意度不会对地方政府的政绩产生影响，因此，一些地方政府思想上不重视，行动上也只是采取一些象征性的措施予以应付，致使得相当一部分新生代农民工的住房问题尚未解决。

四 解决新生代农民工住房问题的对策

（一）推进基本公共服务均等化

党的十九大报告强调"以人民为中心的发展思想，不断提高城乡公共服务均等化水平，到2035年基本实现公共服务均等化。"新生代农民工的住房、随迁子女教育及社会保障等问题都离不开政府的投入。近年来，党中央、国务院对新生代农民工非常重视，明确提出采取有针对性措施解决这一问题。目前，工资收入水平较低、务工地房价居高不下，是阻碍新生代农民工在务工地城市长期稳定就业、生活的最大障碍。[①] 为此，只有在发展经济的基础上，加大政府投入，才能有效解决新生代农民工的住房问题。有人认为，现阶段新生代农民工的工资水平与城市同龄人基本持平。但实际上，新生代农民工的可支配收入已经制约其住房消费。调查中发现，目前，即便将新生代农民工纳入城镇住房保障体系，他们凭借自己的劳动收入多数也无力购买。因为我国目前各地保障性住房的价格已远远超出了他们现有的收入水平。别说是一线城市，即使是东北的哈尔滨市的住房平均价格也在平均每平方米7000元左右。新生代农民工的年收入大多在3万元左右，即使房价不再继续上涨，他们不吃不喝也要用几年时间才能攒够购房的首付款。而对于银行贷款来说，由于各种条件限制，农民工想得到银行贷款并非易事。因此，改善新生代农民工的住房状况，最

---

① 全国总工会：《关于新生代农民工问题研究报告》，《工人日报》2010年6月21日。

为有效的办法是大力发展经济，在经济水平不断提高的情况下，进一步提高他们现有的工资水平。

（二）政府切实承担解决新生代农民工住房问题的责任

解决新生代农民工的住房问题上，应该根据他们自身的特点。由于新生代农民工进城时间、经济状况、劳动技能、所在行业性质各不相同，因此，不能简单将他们不加区别地纳入到城镇住房保障体系，而应分层次、分类别地进行。具体应分两种途径：一是以政府为主导，同时有用工单位介入其中的方式解决；二是通过农民工住房租赁市场予以解决。而政府为主导用工单位介入其中的方式又可以分为以下几种情况：第一种情况是将刚进入城市的新生代农民工，在他们工资比较低的情况下，对他们提供政府廉租房，但由于廉租房的建设会增加政府负担，并规定廉租房的居住期限。第二种情况是对于进城有一定年限，并且有着一定工作经验的新生代农民工，国家应该为其提供公共租赁房，由他们缴纳一定的房租，或者是国家给予企业一定的土地优惠和减免税费政策，企业为其建立新生代农民工公寓（张志胜，2011），并将这一方式与第一种的廉租房办法相衔接。第三种情况，是对于经济水平相对稍好一些的新生代农民工，应尝试适用住房公积金制度，允许他们可以利用住房公积金贷款买经济适用房。另外，通过农民工住房租赁市场解决新生代农民工住房问题也是重要途径之一。此外，针对新生代农民工租赁住房所占比重较大的现实状况，应着力培育农民工住房租赁市场，政府应加强房屋租赁市场的网络化建设，通过住房信息系统网络化管理，为新生代农民工及时、准确地提供房屋租赁信息，使他们能够以较低的成本获得较为舒适的房屋。

第四节　新生代农民工的职业教育

新生代农民工融入城市、成为城市市民，不仅存在着户籍问题、劳动就业问题和社会保障问题，教育问题也至关重要。如果新生代农民工没有接受过应有的教育，文化素质没有得到有效的提升，他们在城市就业的竞争力就不会太高；而由于文化素质的欠缺，对城市文化、法律知识就不可能深刻理解，进而导致其对城市生活的适应性不足。如果这种情况不改变，他们就永远不会从根本上融入城市。而且，当一些能力低、素质差的新生代农民工，梦想体验城市生活的欲望无法满足时，或者存在的问题无望解决时，由于文化水平低，对事物的认知能力欠缺，他们很可能实施对抗行为，以致铤而走险，以身试法，成为社会不稳定因素，影响社会和谐安定。因此，从这个意义上说，教育问题是新生代农民工融入城市的关键性问题。新型城镇化不再是物的城镇化而是人的城镇化，其实质是农民工的市民化。在我国现有经济水平情况下，农民工最终能否市民化，不仅在于其有城镇户籍、享有城镇基本公共服务，关键在于其拥有一定素质在城市能够充分就业，这是我国经济社会发展中亟待解决的一个重大问题。

一 新生代农民工的职业素质状况

随着国家普及高中教育，扩大高等教育规模，新生代农民工的文化程度与传统农民工相比也显著提高。新生代农民工"高学历"现象陆续出现。然而他们的学历与职业技能能力并不一致，甚至出现"高学历、低能力"的状况。据国家统计局2014年、2015年和2016年《农民工监测调查报告》显示的数据看，农民工职业培训近两年变化不大（见表4-2）。另外，从分性别看，男性农民工接受过农业和非农业职业技能培训的占36.4%，女性占31.4%。分年龄看，各年龄段农民工接受培训比例均有提高。因此，按照2014年国家统计局统计的数据看，新生代农民工的技能水平估算约有三成的人能够在城市长期稳定就业。2017年这种情况就更严重。据国家统计局《2016年农民工监测调查报告》显示，接受过农业和非农职业技能培训的农民工占32.9%，比上年下降0.2个百分点。其中，接受非农职业技能培训的占30.7%，接受过农业技能培训的占8.7%，均与上年持平；其中，本地农民工接受过农业和非农职业技能培训的占30.4%，比上年下降0.4个百分点；外出农民工接受过农业和非农职业技能培训的占35.6%，比上年提高0.2个百分点（见表4-3）。由此可见，近年来的民工荒实际是民工职业技能荒。

表4-2　　　　外出农民工培训情况（2014—2016）　　　单位：%

	2014 年	2015 年	2016 年
接受农业技能培训	9.5	7.2	7.4
接受非农技能培训	32	33.8	33.8
农业、非农都接受	6.8	35.4	35.6

数据来源：根据国家统计局数据制作。

表4-3　　　　接受过技能培训的农民工比重　　　　单位：%

	接受农业技能培训		接受非农职业技能培训		接受技能培训	
	2015 年	2016 年	2015 年	2016 年	2015 年	2016 年
合计	8.7	8.7	30.7	30.7	33.1	32.9
本地农民工	10.2	10.0	27.7	27.8	30.8	30.4
外地农民工	7.2	7.4	33.8	33.8	35.4	35.6

资料来源：根据国家统计局数据制作。

目前我国就业方面的主要矛盾，是劳动者充分就业的需求与劳动力总量过大、素质不相适应之间的矛盾。因此，促进产业升级、实现农民工充分就业的双重发展目标，亟须对新生代农民工加强职业技能培训。

二　新生代农民工职业教育培训面临的问题

在城市化进程中，新生代农民工面对激烈的城市劳动力市场的竞争已经深刻地认识到知识的重要性，他们迫切需要接受教育培训，提高劳动技能，以此来改变自身的境遇。然而，现实教育培训的状况制约了他们发展上升愿望的实现。

（一）资金筹措机制不健全

1. 政府财政投入没有达到预期效果。对新生代农民工的教育培训的投入，不仅是新生代农民工素质提升的途径，同时也是企业、地方政府谋求长远竞争力的重要手段。因此，要加快城市化进程，国家必须对新生代农民工的教育培训工作予以必要的资金投入。近年来，我国政府对农民工教育培训的财政投入不断增加。例如，2004年，中央财政和地方财政用于农村劳动力转移培训的经费总额仅为7亿元左右；2004年至2006年，中央政府投入农民工培训费用12.5亿元，在此条件下，平均每位农民工培训的政府投入大约100多元。而2012年，政府对6000万农民工，每人予以800元的投入，总共达48亿元左右。2016年人力资源和社会保障部等五部门联合印发了《关于实施农民工等人员返乡创业培训5年行动计划（2016—2020年）的通知》，要求从2016年至2020年，利用5年左右时间，力争使有创业要求和培训愿望、具备一定创业条件或已创业的农民工等人员都能参加一次创业培训，有效提升创业能力，尽管此通知是创业培训，但培训对象也是农民工。近年来，政府财政投入的数量已明显加大，但预期效果并不理想。有的教育培训费用被挪用，有的被有关部门及其负责人员采用不正当手段据为己有。另外，由于新生代农民工流入地与流出地财政状况及主观认识的不同，致使有的新生代农民工教育培训的权利基本无法实现。据调查，由于新生代农民工多数是从经济落后地区转移到城市的，转出地政府因财政紧张对农民工教育培训的经费投入不足，而流入地政府财政状况基本都好于转出地，但由于流入地举办的免费教育培训主要是针对城镇下岗人员，农村劳动力由于户籍身份的限制，而无法享有教育培训的权利，这就造成了教育培训机会实质上的不平等。

2. 企业资金投入不足。目前新生代农民工的职业培训与教育主要是由所在企业进行的，而企业出于对自身经济利益的考虑，在招工时就将门槛抬高到具有一定技能或者说是已经经过教育培训的人员。企业一般不愿投入人力资源开发成本，即使对新生代农民工进行培训，一般也是上岗前的训练，其内容往往是局限于就职前简单的岗位培训，而对工作技能和劳动者能力的培训基本没有，至于针对社交礼仪等的行为培训和职位向上流动等发展性培训更无从谈起。

3. 新生代农民工自身支付能力不够。针对新生代农民工自身而言，由于社会保障的缺失，每月微薄的工资收入，除去日常消费，以及被克扣、拖欠部分之外，再拿钱接受教育和培训的难度非常大。尽管他们当中相当一部分接受教育培训的欲望很强烈，但他们对教育需求的实际支付能力还十分有限。

由此可见，在新生代农民工的教育培训中，由于政府出资没有达到预期效果，企业出于眼前利益考虑不愿多投入，农民工自身支付能力极为有限等方面原因，致使新生代农民工在融入城市过程中因资金问题依然面临着知识技能的瓶颈。

(二) 政府及所属部门培训力度不够

目前国家教育方针并没有将新生代农民工培训包含在教育发展战略之中。近年来，由于缺乏教育方针的指导，而且政府部门职责不明，宣传力度不够，致使新生代农民工在教育培训方面出现了一些问题，给新生代农民工财产甚至人身造成了很大伤害。如在每年春节过后，农民工集中进城求职的高峰时期，一些不法分子以职业介绍为名，从事诈骗活动。几年前，山西"黑砖窑事件"受害的农民工在火车站求职时，被不法分子以职业介绍为名骗去成为了"21世纪的包身工"。我们可以设想一下，如果政府对新生代农民工培训切实负起责任，提供必要的培训条件，这样就完全可以避免农民工上当受骗的情况发生。

(三) 教育培训机构的性质及培训内容不适应市场需求

1. 培训机构自身缺乏竞争性。目前，我国现有为数不多的农民工培训机构多数是以行政指令的方式指定的，缺乏竞争机制，因而没有活力。并且培训机构的培训标准、资质没有统一要求。另外，在培训过程中政府对培训机构的培训过程、培训质量、培训效果缺乏监督和考核机制，培训机构只有完成培训任务的时间要求，而没有培训效果的要求。因此，在这种情况下，根本无法保证培训的有效性。

2. 师资队伍不过硬。要取得好的培训效果，必须有好的师资力量。目前，一些培训机构由于中标或在政府的授权下直接获取了政府各部门培训项目，由于师资力量严重不足，同时也为了追求利润最大化，培训机构一般不花钱聘请专业培训教师，有的即使临时聘请专业教师，也很难聘请到既懂理论又懂实际操作的教师。现实生活中，很多培训机构的教学队伍在不同程度上引用了志愿者模式。当然，在现实生活中，教育资源共享无可厚非，但共享不应影响教师队伍的稳定性。否则，将很难保证其培训质量的可靠性和高效性。

3. 培训内容与生产实际需求脱节。实践证明，对某个群体实施的教育类型和教育层次将直接决定该群体的职业领域与就业层次，从而决定其社会经济价值的实现程度和向上自由、和谐发展的程度。新生代农民工的教育需求具有极大的现实性，他们主要的目的一般都是指向获得一份好的工作，而对技能和一般技术的需求相对较弱。在我国，由于培训与用工相脱节，使得新生代农民工就业前的教育培训往往具有一定的盲目性和暂时性。而对用工单位来说，它们普遍没有履行对农民工进行职业培训的法定义务，更没有法律的硬性规定，因此，对新生代农民工主动进行用工前义务培训的单位很少。据国家统计局2016年底的最新统计，建筑行业的农民工目前已占总数的19.7%，而参加过培训的仅占10%左右。

（四）新生代农民工职业教育培训立法内容存在空白

1996年9月1日，为了发展职业教育，尽快提高劳动者素质，促进社会主义市场经济发展和现代化建设，我国正式实施了《职业教育法》。然而，该法是在2010年中央"三农"问题第七个一号文件出台前实施的，又不是专门对新生代农民工教育培训制定的法律，因而某些方面出现了空白。如该法第3条规定，"职业教育是国家教育事业的重要组成部分，是促进经济、社会发展和劳动就业的重要途径。"此内容看似规定了职业教育的地位、作用，但从该法在现实生活中发挥的作用看，该法职业教育在教育体系中的位置不高，并且缺少将职业素质确定为国民基本素质之一的法律定位。在我国现有教育体系中，尽管规定职业教育属于国家教育事业的重要组成部分，但职业教育并没有像德国等发达国家一样有着重要位置、得到足够的重视。况且，目前在重学历大于重能力的现实状况下，在劳动力市场受过职业教育的劳动者与受过普通高等教育人相比往往处于弱势地位，甚至于他们至今被排除在各类公务员招考条件之外。由于《职业教育法》对职业教育是否是国民基本素质问题基本有确定性规定没有导向性规定致使现实生活中相当新生代农民工不重视职业教育培训的现象发生。据国家统计局《2016年农民工监测调查报告》显示，进城农民工业余时间主要是看电视、上网和休息，分别占45.8%、33.7%和29.1%。选择参加学习培训的比重仅为1.3%，与上年持平（见表4-4）。国家统计局曾在2010年对10个省进行的新生代农民工专项调查结果表明，新生代农民工参加职业培训的比例仅30.4%。可见，7年后的今天，新生代农民工业余时间用于学习培训和读书看报的比以前有所降低。另外，作为法律规范重要组成部分的法律后果在《职业教育法》中有的没有规定。如该法第26条规定，"国家鼓励通过多种渠道依法筹集发展职业教育的资金。""任何组织和个人不得挪用、克扣职业教育的经费。"从立法技术上来说，此法律规范应属于禁止性的法律规范，但在《职业教育法》全部法律条文中却没有法律后果的规定，致使现实生活中相当一部分挪用、克扣职业教育的经费的现象出现而得不到及时有效地追究。近年来，针对职业教育实训条件这一薄弱环节，国家加大了财政支持力度，重点用于支持职业教育实训基地建设。2005年10月颁布的《国务院关于大力发展职业教育的决定》（国发〔2005〕35号）进一步明确了财税政策扶持技能型人才发展的政策导向。此外，国家制定政策，鼓励社会力量对职业技能教育事业发展的投入，现已形成"政府主导、依靠企业、充分发挥行业作用、社会力量积极参与、公办与民办共同发展"的多元职业教育新格局。尽管国家加大投入和财政支持力度，但职业教育培训的效果并不理想，投入与产出不成比例，究其原因与立法滞后有一定关系。

表4-4 进城农民工业余时间选择情况 单位：%

	2015年	2016年
看电视		45.8
上网	31	33.7
休息	28.2	29.1
文娱体育活动	7.1	6.3

续表

	2015 年	2016 年
读书看报	4.6	3.7
学习培训	1.3	1.3

资料来源：根据国家统计局数据制作。

目前，尽管我国《职业教育法》《劳动法》对农民工培训均有规定，但深入研究不难发现，主要内容规定的原则性较强，缺乏可操作性。为解决这一问题，实现新生代农民工职业教育培训工作有法可依，国务院 2011 年曾出台了《关于进一步做好农民工培训工作指导意见》（国办发〔2011〕11 号）的行政规章。然而，该行政规章不仅层次低、权威性差，而且有关培训的内容仍然规定得较为原则、宏观。而有关培训的较为重要的内容，如培训主体、培训目标、培训形式、培训机制和培训评价体系等方面的规定却不十分明确，操作性不强，致使新生代农民工职业教育培训工作尽管投入大量人力、物力、财力，但教育培训质量难以保障。

（五）新生代农民工职业教育意识淡薄

新生代农民工职业教育培训的主体具有多元性，涉及政府、用人单位和新生代农民工个人三方。由于各不同主体角色不同，法律规定的责任义务也不同。对政府来说，政府是新生代农民工培训的主要责任承担者。按照我国《职业教育法》第 6 条规定："各级人民政府应当将发展职业教育纳入国民经济和社会发展规划。"从现实情况看，各级政府已经把职业教育纳入国民经济和社会发展规划之中，但履行责任的程度还不到位。对企业来说，尽管《劳动法》第 68 条对用人单位承担职业培训责任作出明确规定，要求应当建立职业培训制度，按照国家规定提取和使用职业培训经费，根据本单位实际，有计划地对劳动者进行职业培训[1]，但现实生活中，企业从自身经济效益考虑，为节约成本，对尚未进入本企业的新生代农民工这一潜在就业者是不

---

[1] 《劳动法》，1994 年 7 月 5 日，360 百科（https://baike.so.com/）。

会主动进行职业教育培训的，而且，由于《劳动法》没有对不进行职业教育培训的企业有处罚规定，相当一部分企业不清楚对劳动者进行职业培训是其必须履行的法定义务。对于新生代农民工个人来说，由于近些年来农民工法制宣传存在的弊端，有的新生代农民工对事关自己切身利益的职业教育培训权利义务具体内容并不十分清楚。如，我国实施"阳光工程"已有多年，全国共免费培训农民工多达数千万，然而，直到今天仍然还有农民工不相信政府提供的免费培训[1]，甚至对国家的阳光工程表示怀疑。上述情况足以表明：到目前为止，与新生代农民工职业教育培训相关人员意识观念较为淡薄。

三　完善新生代农民工职业教育培训的对策

在我国新型城镇化进程中，新生代农民工职业教育培训是一个综合性问题，必须全面推进。

（一）充分发挥政府在教育培训方面的主导作用

目前我国正处在转变经济发展方式、调整经济发展结构的关键时期，在这一体制、结构转型共同推进的阶段，对新生代农民工的教育培训仅靠市场本身的推动是远远不够的，最为可行的办法是充分发挥政府在新生代农民工培训中的主导作用，强化政府公共服务的职能。政府应建立适度规模的新生代农民工教育培训的专门机构，并负责协调处理相关职能部门及各教育培训机构在农民工培训工作中的关系，防止分散重复、效率低下的局面出现，并建立完善的培训体系。[2]

（二）充分发挥企业在教育培训中的主体作用

企业作为新生代农民工的劳动行为的载体，具有地处培训一线的优势。为此，企业应该从以下几方面发挥作用：一是承担起提高新生代农民工职业技能的责任，坚持技能培训和素质培训并重的原则，全面提高参训者的综合素质；二是企业应加强市场调查与预测，增强培训的针对性；三是企业应广泛利用多种教育培训资源，调动各方面积

---

[1] 黄君录：《论政府与社会在新生代农民工教育中的责任与有效供给》，《中国职业技术教育》2011年第24期。

[2] 唐卓：《新生代农民工的教育培训问题探析》，《成人教育》2013年第1期。

极性，有条件的企业还应与教学科研院所建立长期联系；四是企业应广泛利用多种教育培训资源，调动各方面积极性，有条件的企业还应与教学科研院所建立长期联系，由企业制订计划并负责组织新生代农民工参加培训，以实现资源共享；五是要以落实培训经费为重点，为真正提高新生代农民工的素质提供保障。

（三）实现职业教育培训的法治化

实现教育培训的制度化。实现教育培训的制度化就是将新生代农民工的教育培训通过严格的制度规定下来，并一以贯之。早在2002年8月，国务院制定的《关于大力推进职业教育改革与发展的决定》中提出："十五"期间，我国将每年培训劳动力1.5亿人次。2003年7月，教育部、科技部、建设部、财政部出台了《2003—2010年全国农民工培训规划》，明确将农民工培训作为就业准入制度的重要条件。2012年，国务院印发的《国家人口发展"十二五"规划》明确提出，建立农民工基本培训补贴制度，增加对农民工的技能培训和就业服务。

目前，国家非常重视新生代农民工的教育培训问题，而各地也将这一问题摆上了重要日程。合肥市曾制订了《合肥市建设领域农民工2012年度教育培训计划》，明确了建筑企业所承担的农民工教育培训目标、内容和责任等问题，为建筑企业农民工业余学校制度化、规范化、标准化建设提供了依据。浦东新区启动了优秀农民工和农民工先进个人"3+1计划"。该计划具体包括职业发展研修、职业技能提升、高师带徒和优秀农民工和农民工先进个人后续服务计划，这些办法有力地促进了新生代农民工的教育培训制度化建设。据报道，截至2016年末，河南省累计培训农民工3000万人，初步实现了教育培训的法治化。而实现职业教育培训的制度化、法治化，具体包括以下方面：

1. 加强立法，实现流动人口教育培训的法制化。立法保护是有效保障新生代农民工职业教育培训工作取得实效的最佳途径，现已被国外职业教育培训富有成效的国家所证实（见表4-5）。

表 4-5　　　　　　　　　各国农民工立法一览

德国	美国	澳大利亚
1919 年《魏玛宪法》（职业技术教育） 1969 年《职业教育法》 1970 年《劳动促进法》 1987 年《回归教育法》 《职业教育保障法》	1962 年《职业教育法》 1994 年《2000 年目标：美国教育法》 《学校工作多途径法案》	《国家培训保障法》

资料来源：作者制作。

如，德国是西方发展职业教育最成功的国家；美国 1962 年制定的《职业教育法》明确提出校企合作是职业教育的方向；澳大利亚制定了《国家培训保障法》，明确规定培训由国家承担责任的内容。事实证明，国外职业教育的蓬勃发展与其大量立法、以法治教密不可分，并且这些国家职业教育培训立法保护具有较强的可操作性。如德国《职业教育保障法》规定凡从业人员超过 10 人的企业，其接受的培训学员不到从业人员的 7%，必须交纳培训税。我国职业教育起步较晚，新生代农民工职业教育培训规范化、制度化程度不够。为解决新生代农民工培训无法可依问题，眼下当务之急是制定专门的《农民工培训权益保障法》，将培训的基本原则、主要目标、培训重点、培训类别、培训主体、培训机制和培训评价体系、补贴标准、法律责任等详细规定其中，以充分保障新生代农民工职业教育培训的合法权益。

2. 严格执法，强化新生代农民工职业教育培训执法力度。新生代农民工职业教育培训具有公共产品的性质，属基础建设，其主要责任在政府。一方面，政府应积极履行职责，将新生代农民工职业教育培训工作列入议事日程。各级政府不仅要将发展职业教育纳入国民经济和社会发展规划，而且要把规划的落实当作推进新型城镇化建设的重要任务，拟定本地区新生代农民工职业教育培训具体方案，按照分级管理的原则，建立领导责任制和年度目标考核制，并对失职的相关领导进行问责。另一方面，政府应加强新生代农民工培训监督执法力度。各级政府人力资源与社会保障部门应在原有机构基础上，整合队伍，健全管理制度，加强对所属农民工培训机构和民办培训机构进行日常管理监督，并对所有与新生代农民工职业教育部培训相关的违纪、违规案件，尤其是对挪用、冒领国家财政专项培训资金的行为予以严肃查处，使培训始终能够沿着法制轨道有序运行。

3. 公正司法，切实维护新生代农民工职业教育培训权益。"没有救济就没有权利，没有救济的权利不是权利"。司法是社会公平正义的最后一道防线，司法保障是新生代农民工职业教育培训权最有效的保障。为了从司法上有效维护新生代农民工职业教育培训权，当前当务之急是要明确该项权利司法救济的种类。从司法实际看，新生代农民工职业教育培训权司法救济具体途径应该主要有两种：一种是行政诉讼，如各级政府人力资源和社会保障部门所属的职业技能培训中心，各高等院校创业培训机构。政府所属职业培训机构应属于公立培训学校性质，在法律上是完全意义上的行政主体，自然是适格的行政诉讼被告。在我国司法实践中，行政机关是行政主体毋庸置疑。而近年来，随着以学校为被告的行政诉讼案件的多次出现，学校的行政主体地位也已经多次确认。例如，1999年田永诉北京科技大学案，就一直作为这方面对下级法院具有普遍指导意义的典型案例。另一种是民事诉讼，即各种民办职业技术学校，或企业培训机构对新生代农民工职业教育进行的培训。尽管我国司法程序较为纷繁复杂、举证责任也很艰难，但对于行政诉讼案件来说，没有像劳动争议案件那样将仲裁作为前置条件，而且，作为行政主体的被告负有举证责任。因此，只有明确新生代农民工职业教育培训权，并加强对此案件予以法律援助，才能切实维护新生代农民工职业教育培训权。

4. 深化法治宣传教育，增强全社会的法治意识。随着全国"七五"普法工作的推进，新生代农民工法治宣传教育工作也取得了显著成绩，但新生代农民工职业教育相关的法治观念无论是政府还是企业，乃至新生代农民工个人均较为欠缺、法律意识还比较淡薄。据中国教育政策研究院主持的教育部哲学社会科学研究重大攻关项目"城市化进程中新生代农民工职业教育与社会融合问题研究"的调查和研究显示，有48.5%的新生代农民工在2009—2011年3年间从未参加过任何形式的培训；企业对农民工培训热情始终不高，有53.8%的新生代农民工表示在企业没有接受过任何培训，企业培育员工、促进员工技能持续发展的主体意识和社会责任感亟待加强。对政府来说，在目前我国新型城镇化建设进程中，在打造法治政府、责任政府的新形势下，政府必须将新生代农民工职业教育培训作为不可推卸的责任和法治政府建设的一项重要内容。对企业来说，为了使企业树立正确的法律意识，政府应当通过媒体宣传、先进嘉奖等形式引导企业自主开展培训，督促企业把新生代农民工纳入职工教育培训计划，确保农民工享受和其他在岗职工同等的培训待遇，同工同酬。另外，为了保障企业按照职业教育法规规定足额提取职工工资的1.5%—2.5%能够用于员工培训，应加强企业财务审计，促使企业遵守法律，自觉履行法律责任的观念形成。对新生代农民工来说，应加强法治宣教教育，创新法治宣教教育形式，应将《职业教育法》作为法治学习的内容之一，使他们能够充分认识到职业教育不仅是谋生的途径，也是国家法律对公民规定的一种责任，增强他们接受培训的主动性和自觉性。政府有关部门应逐步建立培训结业证书和职业资格证书相结合的持证上岗和就业准入制度，以此促使其法治意识的增强。

（四）加大对新生代农民工职业教育培训经费投入与监管

解决新生代农民工的教育培训问题，不仅仅是加大国家财政投入，而应该是在加大国家财政投入的同时，加大对培训资金的监管。近年来，由于国家有关新生代农民工职业培训的政策方针缺乏制度保障，致使许多有关职业培训的精神落实不到位。从国家层面看，目前，国家教育方针并没有将新生代农民工培训包含在教育发展战略之中，由于缺乏教育方针的指导，特别是政府部门职责不明，宣传力度不够，致使新生代农民工在教育培训方面出现了一些问题，给新生代农民工财产甚至人身造成了很大伤害。如前所述，有的农民工钱财被骗，有的人身受到损害，出现这些问题，与政府有一定的关系，如果政府对新生代农民工培训切实履行起责任，提供必要的培训条件，就可以避免农民工上当受骗的情况发生。政府之所以对农民工有进行教育培训的职责，就是因为对农民工培训具有准公共产品的性质，它属基础建设范畴，因此，政府应该在新生代农民工职业培训中履行必要的责任。

(五) 创职业教育培训方式

目前，各地对新生代农民工教育培训方式与其他职业教育培训区别不大。其往往采取的是特定的或专门培训机构，一般采取传统的面对面的课堂教育方式。此种方式优势是能有效地对新生代农民工进行日常培训管理，其缺点是培训对象始终处于被动地位。学习内容、学习时间没有自由支配的权力。笔者认为，这种传统的培训方式在21世纪的今天已经显得落后，更不适合几乎所有的新生代农民工都有手机，甚至可以说是手机不离手的群体。其实，要做到创职业教育培训方式的创新并不难，世界上第一制造业强国已经为我们提供了成熟的经验。笔者了解德国的模拟公司有近1000家，各模拟公司都实行网络平台管理，系统内建有管理中心，每个模拟公司都会有管理中心提供网页，各模拟公司根据培训专业内容设有相应的职能部门，如与贸易有关专业的培训便设有技术部、会计部、人事部、采购部等。实践证明，这种网络化的、与行业密切相关的培训效果比较理想，其能够避免学非所用，所用的学不到的状况出现。

(六) 加强师资队伍建设

当前，新生代农民工教育培训师资力量状况不容乐观，为此，应尽快组成一支包括家政服务、餐饮、酒店、保健、建筑、制造等各个行业、工种、岗位，既有懂得基本理论，又具备操作技能，了解技术操作规程的师资队伍。而组建这样的队伍必然会有很大的资金压力，从而增加培训成本。目前多数新生代农民工的经济支付能力都比较低，在这种情况下，为解决新生代农民工教育培训的师资力量不足的问题，一方面，可以借鉴北京大学经验，充分利用校内既有的专业教育培训资源，探索"高校教学资源+志愿者"培训模式的可行性，以此作为我国进城务工人员培训体系的完善和体制创新的尝试；另一方面，为解决大学生就业难的问题，由国家出资选派一些具有理论功底，又掌握一定操作技能的包括旅游管理、医疗保健、建筑、制造等专业的大学毕业生到职业技能培训学校任教，并由本级人力资源与社会保障部进行管理，其待遇应不低于当地国民教育水平。总之，各地新生代农民工培训机构应充分利用各种教育资源，开展形式多样的教育培训，形成"就业靠竞争，竞争靠技能，技能靠培训"（尚志平，2004）的联动机制，这样既能增强新生代农民工的社会责任意识、服务意识，又有利于营造全社会良好的学习氛围。

第五章　新生代农民工的政治融入

新生代农民工能否融入城市，政治融入是一个很重要的因素。近年来，学界相当一部分学者认为，新生代农民工的融入问题包括经济融入、社会融入和心理融入三个层面。但我们认为，仅有上述三个层面的融入是不够的，也可以说是不全面的。因为新生代农民工融入城市是一个综合性问题，是一项系统工程，缺少任何方面都不能称其为真正的融入。以选举为例，我国现行《宪法》第 2 条规定："中华人民共和国的一切权力属于人民。人民行使国家权力的机关是全国人民代表大会和地方各级人民代表大会。人民依照法律规定，通过各种途径和形式，管理国家事务，管理经济和文化事业，管理社会事务。"[①]这也就是说，人民行使当家作主权利的步骤是：人民—选举代表—（组成）人民代表大会—（产生）其他国家机关—管理国家、维护社会秩序。如果新生代农民工在国家政治生活中连基本的选举权都没有，没有表达意愿的途径，怎么能称其为"融入"，而没有政治融入，经济融入、民生融入、文化融入、身份融入、心理融入等就无从谈起。因为政治融入是经济融入、民生融入、文化融入、身份融入、心理融入的前提和基础，没有政治制度上的安排，新生代农民工的完全融入城市就难以实现。因此，可以说，政治参与的程度是考量新生代农民工社会融入程度的一个标准，他们参与政治的深度、广度，是研究他们城市社会融入的重要视角。

---

① 《宪法》，2013 年 8 月 4 日，中国网（http：//legal.china.com.cn/）。

第一节　新生代农民工政治融入状况及问题

一　新生代农民工政治融入状况

新生代农民工与上一代农民工最大的区别在于他们出生在20世纪80年代后。受经济状况、社会环境的影响，他们渴望融入城市，做一个名符其实的城里人。他们既希望能争取到更多的经济利益和社会权益，更希望自己能有"话语权"，有一个"说话"的地方。然而，在现实生活中，新生代农民工处于城市与农村的边缘地带，不但经济上权益难以保障，而且政治上基本没有话语权。对于新生代农民工自身来讲，尽管政治融入不像民生融入、经济融入那样迫切，但也是其融入城市不可缺少的重要内容。

二　新生代农民工政治融入存在的问题

（一）新生代农民工参与选举所占比例较小

按照我国现行宪法的规定，选举权是公民的基本政治权利之一，也是公民最直接、最广泛、最重要的政治参与方式。笔者通过对450位新生代农民工问卷调查得知：仅有16位参加过村委会的选举，占访谈总人数的3.6%。大部分农民工没有参加村委会选举的经历，其中有约65%的人认为选举应该参加，也非常渴望通过选举能够选出为老百姓做实事的领导，但由于时间、来回往返费用等问题只能放弃参与选举；有13人则是至今从未参加过任何的村委会选举；有5人根本不知道自己还具有选举权。

目前新生代农民工选举型的政治参与行为，无论在城市还是在农村都不乐观，这个群体在政治权利上几乎处于失语状态（见表5-1）。湖南省社科院人口所一项针对湘、粤两省农民工群体的问卷调查表明："新生代农民工政治的关注度比上一代明显提高，在调查的1256名农民工中，对国家大事表示'关注'和'非常关注'的占74.7%。但同时，只有21.6%的农民工参加过老家最近一次的村委会选举，而参加过打工地所在城市社区居委会选举的农民工仅占 5%。"① 这种情况足以说明新生代农民工政治参与度仍然较低，像安徽"最美洗脚妹"刘丽、广东安道集团办公室主任魏小明的情况，在新生代农民工中简直是微乎其微（刘丽，自 2013 年起就是全国人大代表，现已成为一名"政治明星"）。

表 5 - 1　　　　近 5 年新生代农民工政治参与情况　　　　单位：%

户籍地人大代表选举	工作地人大代表选举	居住地社区居民委员会选举	村民委员会选举（近 3 年）
28.8	13.9	19.8	18.8

资料来源：根据高洪贵《青年农民工政治参与与分析》一文的调研数据制作。

（二）新生代农民工参与企业民主管理较为艰难

当前，面对全面深化改革的新形势，新生代农民工在融入城市的过程中参与企业民主管理，对实现体面劳动，解决劳动争议案件，维护自身的劳动权益非常有必要。我国现行《劳动法》第 8 条规定："劳动者依照法律规定，通过职工大会、职工代表大会或者其他形式，参与民主管理或者就保护劳动合法权益与用人单位进行平等协商。"② 现行《工会法》也以法律条文的形式对此项内容作了明确规定。早在 2001 年，我国成为世贸组织的成员国后，随着我国经济技术体制改革的不断深入，特别是面对加入世贸组织的新形势，职工在计划经济年代参加企业管理的形式受到了挑战。为此，一些地方工会在新建立的非公有制经济组织中尝试了职工民主管理的形式。其中有的是以往在国有企业推行的形式，如职工代表大会制度；有的是在非公有制企业中新尝试的形式，如工会主席参与（或列席）董事会、监事会制度，劳资协商会议和民主对话制度，厂务公开制度等等。但从目前情况看，新生代农民工参与企业民主管理的状况并不乐观。至今为止，我国《工会法》对入会资格规定还存在着问题。如《工会法》

---

① 《半月谈》：《新生代农民工政治参与度调查》，2010 年 3 月 30 日，新华网（http://www.xinhuanet.com）。

② 《劳动法》，1995 年 1 月 1 日，360 百科（https://baike.so.com/）。

第 3 条规定:"在中国境内的企业、事业单位、机关中以工资收入为主要生活来源的体力劳动者和脑力劳动者……都有依法参加和组织工会的权利。任何组织和个人不得阻挠和限制。"从《工会法》对职工组建和参加工会的条件看,农民工表面上看似具备加入工会的资格,因为他们也是与境内特定的用人单位建立了"劳动关系",并且以"工资"收入为主要生活来源,他们所在单位的性质目前也没有"企业"与他一般经济组织的限制,但是由于新生代农民工的就业岗位多是服务业、建筑业等非正式的临时岗位,他们根本没有机会参加所在单位的民主管理活动。除了上述组织外,目前在我国境内几乎没有任何单位有专门代表农民工利益的组织。据《半月谈》记者曾在湘、粤两地农民工中进行了专项调查显示:"目前在农民工所在的单位中,只有 21.5% 的农民工所在单位成立了党、团组织;农民工所在单位或社区成立工会的比例只有 16.2%;75.6% 的农民工没有参加任何打工地组织,参加过所在单位民主管理活动的农民工也仅占 12.9%。在仅有的少数能代表农民工权益的组织中,能发挥作用的很少。"[①]导致这种状况的出现,不仅仅是基层党团组织工作力度不够,而是目前现有的农民工政治参与运行机制出现了问题。2017 年,笔者通过实地考察了解到,目前东北地区某市辖区内,有相当一部分农民工有加入党组织的积极性,但他们加入党组织的申请只能向流出地提交,而流出地又以其长期不在无法考察为由,不予列入考察对象予以考虑。由此可见,新生代农民工没有加入组织的机会,就谈不上一定程度的政治参与。

(三) 新生代农民工参与城市民主管理几乎空白

正如前所述,新生代农民工的一个显著特征就是具有较强的权利意识。他们不仅要维护自己的合法权益,还要主动参与政治表达和社会管理,尤其是渴望在城市能以主人翁的身份出现,能和城里人一样参与城市民主管理活动。从我国目前情况看,新生代农民工参与城市

[①] 《半月谈》:《新生代农民工政治参与度调查》,2010 年 3 月 30 日,新华网 (http://www.xinhuanet.com)。

民主管理主要包括参与城市公共交通、教育、医疗、社会保障、公用事业价格调整等关系百姓切身利益的听证会、决策咨询会等民主管理活动。近年来，随着我国法制建设进程的推进，公民民主意识的增强，听证会、决策咨询会等方面的活动逐渐增多。但调查发现，目前没有一位新生代农民工表示曾参加过价格听证会、决策咨询会等民主管理活动的。据新华社报道，在安徽省物价局曾组织的安徽省公路客运旅客春运价格听证会上，却找不到民工群体的代表。记者在现场看到，100多人将会场挤得满满当当，听证会代表各自就当年春运公路客运该不该涨价、涨价幅度的高低等话题各抒己见，畅所欲言，但遗憾的是，记者却找不到民工代表的身影，听不到他们的声音。其实，民工才是春运市场的主要主体。从情理上讲，他们不仅应当参加，而且要占更大的份额。

从上述新生代农民工政治参与的现状看，新生代农民工的政治参与在我国现阶段还处于萌芽和无序状态，政治参与权严重缺失已阻碍了他们的城市融入。

第二节 新生代农民工政治融入存在问题的原因及对策

一 新生代农民工政治融入存在问题的原因

（一）新生代农民工自身素质低下

新生代农民工政治参与能力与其自身掌握的文化知识和法律知识有着极大关系。新生代农民工中独生子女较多，他们基本接受过九年义务教育，但在此阶段他们只是了解了最基本的文化知识，对于法律知识以及政治常识尽管接触过，但他们多数没有兴趣学习，对于如何行使政治权利和政治自由更谈不上正确理解和清晰地认识。据调查，有50%以上的新生代农民工不清楚自己参加选举的人大代表是做什么的，其中有60%的人没有将选举权作为自己神圣的政治权利，更为严重的是有的竟然不知道自己还有选举权。

(二) 政府信息公开程度不够

政府信息公开是指政府主动或被动地将在公共事务管理中掌握的公共信息依法定的程序、范围、方式、时间向社会公开,以使社会成员能够方便地获取和使用。在我国,政府是人民的政府,其权力来自人民,受人大监督,对人大负责。而政府信息公开是实现人民当家作主的重要途径,是建设法治政府、阳光政府、服务型政府的具体体现。早在2007年国务院制定了《政府信息公开条例》,但目前有些地方政府出于地方保护主义,将政府信息对外来务工人员进行了限制,减少了外来务工人员参与城市管理的机会。在市场经济条件下,农民工群体作为市场主体之一,也需要在经济社会发展中获得大量的公共服务信息,但其作为弱势群体其合法权益却常常得不到有效维护。据调查,竟有83.4%的新生代农民工对于城市管理中的关于民生的听证会信息表示"不了解"。由于信息渠道不畅通,致使新生代农民工政治参与权难以实现。

(三) 法律法规不健全

改革开放近40年来,我国法制建设取得了举世瞩目的成就,新时代中国特色社会主义法治国家建设的进程不断加快,以宪法为核心的中国特色社会主义法律体系已经形成。截至2017年9月我国现有法律已经达到260部。然而,在这些现行法律中有的实施效果并不理想,究其原因就是现有法律制度的不完善。如有关新生代农民工的政治参与方面的法律存在着不完善的问题,从而影响了新生代农民工的政治融入。

1. 法律法规不健全影响其选举权的行使。众所周知,选举权是公民的一项基本政治权利。我国《宪法》第34条规定:"年满18周岁的公民,不分民族、种族、性别、职业、家庭出身、宗教信仰、教育程度、财产状况、居住期限,都有选举权和被选举权。"[1] 但目前我国《选举法》确认的选举制度是在计划经济时期以城乡二元体制为基点设计的,带有浓厚的身份色彩。按照现行选举法的规定,流动

---

[1] 《宪法》,2013年8月4日,中国网(http://legal.china.com.cn/)。

人口参加选举,原则上按户籍地参选,如果不在户籍地,可以通过委托投票,也可以在现居住地或者工作地投票,但要取得原居住地选举委员会的选民资格证明。据国家统计局统计,截至2017年末全国总人口为13亿9008万人,而《2017年农民工监测调查报告》显示,全国农民工总量达到2.87亿人,其中,新生代农民工占到农民工总数50.5%。而按照选举法的规定,全国人大代表按城乡相同比例选出代表总数不超过3000名,这就说明在全国人大代表中新生代农民工也能占相当数额,可实际情况并非如此,这与我国选举法的规定有一定关系。据调查,新生代农民工因各种客观原因,既不回户籍地直接参选,或委托投票,又不到原居住地选举委员会取得选民资格证明,在居住地或者工作地投票,很多人自动放弃了法律赋予的选举权。

2. 法律法规不健全,制约其参与企业民主管理。由于我国目前现行相关法律规定的较为原则,缺乏可操作性,致使新生代农民工无法参与企业的民主管理。以我国现行《劳动法》为例,该法第8条规定:"劳动者依照法律规定,通过职工大会、职工代表大会或者其他形式,参与民主管理或者就保护劳动合法权益与用人单位进行平等协商。"① 但从现实情况看,这项法律规定难以落到实处,缺乏可操作性。因为在我国现有企业管理状况下,职工对企业没有足够的知情权,很难能参与到企业的民主管理,尤其是在一些非公有制经济组织中,职工自身的合法权益都经常受到侵犯,其民主参与就更无从谈起。

3. 法律法规不健全,制约其参与城市管理。如,《价格法》第23条规定:"制定关系群众切身利益的公用事业价格、公益性服务价格、自然垄断经营的商品价格等政府指导价、政府定价,应当建立听证会制度,由政府价格主管部门主持,征求消费者、经营者和有关方面的意见,论证其必要性、可行性。"② 可见,这条法律规定的内容较为

---

① 《劳动法》,1995年1月1日,360百科(https://baike.so.com/)。
② 《价格法》,1998年5月1日,360百科(https://baike.so.com/)。

原则，因为该法并未对消费者的自然状况进行进一步界定。新生代农民工长期在城市工作、生活，公益性服务价格、自然垄断经营的商品价格等问题与他们的切身利益也密切相关，可是政府价格主管部门主持的听证会他们基本不能参与。因为他们在城市以打工为生，既没有经济实力，更没有社会地位，是"二等公民"。另外，有些地方政府出于地方保护主义，对于外来人员公开政府信息进行限制，或者信息公开程度不够，这就不可避免地造成外来务工人员参与城市管理的机会明显减少，对于涉及自身权益的城市管理问题基本没有机会参与，因此，无法获取到相应的信息。

二 新生代农民工政治融入的对策

政治参与是新生代农民工行使当家作主政治权利的表现。为了能够使新生代农民工与城市居民一样行使当家作主的政治权利，现有的政治融入须从以下方面予以完善。

（一）完善立法

1. 健全其政治参与方面的法律制度。健全其政治参与方面的法律制度，目的为新生代农民工政治参与提供法律保障。首先，修改选举法，使新生代农民工享有充分选举权。具体应将《选举法》规定的"流动人口参加选举，原则上按户籍地参选……"改为"流动人口参加选举，以居民身份证管理为基础，可以在居住地参选"这样修改，一是体现了文明，避免新生代农民工在选举时被边缘化的情形出现，能够有效解决不在户籍地参加选举的问题。二是体现了以人为本的原则。因为按照《选举法》的规定，如果不在户籍地，可以通过委托投票，也可以在现居住地或者工作地投票，但要取得原居住地选举委员会的选民资格证明。而无论是委托投票还是取得原居住地选举委员会的选民资格证明，都在一定程度上给当事人增添了麻烦，不具有便民性质。三是更加具有现代性。随着现代信息技术突飞猛进地发展，信息化管理已被应用到各个领域，在选举中采用现代化手段完全具有可行性。以居民身份证管理为基础，就是以对人口的信息化管理为依托，充分利用现代信息技术，建立选民登记系统，使选举单位仅凭身份证号码就可确认选民的基本信息。

2. 修改《劳动法》相关内容。尽管我国《劳动法》规定了劳动者与用人单位有进行平等协商的权利，但由于法律规定的较为原则，而无法将这一内容落到实处。对此，我们有必要借鉴欧盟有关"格式合同"方面的做法，以保证劳动者与企业平等协商规定的有效实施。按照《欧盟企业员工委员会（EWC）法令》第6条规定："企业核心管理机构与协商组织，以书面形式签订一项或多项信息分享协议，即信息分享合同。合同必须明确下列问题：适用范围、运作方式（包含召开会议和讨论相关问题的权利、聘请专家的权利）、附带相关文件、财政和物质的需要、协议期限和协商程序以及使用于该协议的法律。"这样修改，可以改变我国目前劳动者参与企业管理水平不高、参与能力不强的现状，同时，在立法时预先为劳动者提供此种"格式合同"，也有助于法律规定的相关内容得以有效实施。

3. 修改新生代农民工参与城市管理方面的相关法律。修改新生代农民工参与城市管理方面的相关法律，目的是使他们能够真正参与到城市管理之中。例如，按照《价格法》规定："制定关系群众切身利益的公用事业价格、公益性服务价格、自然垄断经营的商品价格等政府指导价、政府定价，应当建立听证会制度，由政府价格主管部门主持，征求消费者、经营者和有关方面的意见。"[①] 但此条法律规定的消费者的范围太广，如果不进行界定，对于城市弱势群体的农民工来说就不可能有参与的机会。事实也是如此，通过调查得知，没有一位新生代农民工曾参与过城里的听证会、决策咨询会等活动。因此，为保护新生代农民工参与城市管理的权利，有必要在此条法律中明确规定"消费者代表中，农民工应占一定比例"，或者在制定统一的《农民工权益保障法》中予以规定。

（二）健全权益代表组织制度

目前，在我国还没有形成一套完善的多元利益表达机制，在政府决策过程中起着主导作用的是少数权力精英，农民工的政治参与愿望

[①] 《价格法》，1998年5月1日，360百科（https://baike.so.com/）。

的实现需要得到权力精英的确认。由于新生代农民工在经济资源、政治资源和文化资源都处于社会底层,在城里既没有选举权又缺乏自我组织的能力和利益代言人,其真实声音很难发出来。[①] 特别是近年来媒体报道用词不当、夸大描写、侧重负面报道,致使从媒体中呈现出的新生代农民工形象大多与偷盗、抢劫、自杀、赌博、散布谣言等违反社会道德、法律的行为相连。由此造成很多城里人对他们另眼看待,甚至将其当成社会治安恶化的根源。在此情况下,他们的各种利益主张和需求必然会受到严重挤压,成为名符其实的"边缘一族"。而对于新生代农民工自身来说,由于在城里得不到应有的理解和尊重,久而久之便失去了自信。因此,在这种情况下,成立新生代农民工相关组织非常必要,如加强共青团组织建设,将已有工作岗位的新生代农民工更多地吸引到团组织中来;对于仍未就业或无固定住所的新生代农民工,可由城里所在社区的团组织负责,通过开展各类活动,为他们排忧解难,使他们产生归属感。此外,应修改《工会法》,明确规定"新生代农民工在个体经济组织中也有组织加入工会的权利。"而且还要逐步提高新生代农民工在各级工会代表大会、企业职工代表大会中的比例,以增加其权益表达、参与决策管理的渠道和机会,最终提高他们的政治参与能力,为新生代农民工政治融入创造条件。

---

① 张彪:《新生代农民工政治参与意识的影响因素分析》,《环球市场信息导报》2011年9月15日。

第六章 新生代农民工的文化融入

第一节 新生代农民工文化融入状况及问题

一 新生代农民工文化融入状况

从精神文化层面看,目前新生代农民工已经显示出融入城市的主体性姿态。新生代农民工是我国工业化进程中一个数量庞大的群体,他们在为城市发展作出重要贡献的同时,渴望体验城市文明,希望能在城市成长发展,其人文关怀、情感交流、休闲娱乐等方面的精神文化生活需求日益迫切。近年来,在党委政府和社会各界的关心重视下,新生代农民工的文化生活有了明显改善,特别是在建设"文化强国"的新形势下,新生代农民工的业余生活也不断丰富,他们主动参与企业、社区的文化活动,显示出具有融入城市的主体性姿态,尤其是制造业、服务行业的务工者们,他们不仅能从日常工作中直接获取更多的城市生活时尚元素,领略时尚风骚,而且日常时尚化的塑造使他们更具有了城市化的生活气息。与此同时,城市流行的现代数码产品,更给予了这些打工者现代派的时尚包装。开放、多元、个性化的信息时代,在现代数码时尚的装点下,新生代农民工更具有了城市化的丰富表象,城市化的外在内容已经在该群体中充分展现。2011年底,文化部、人力资源和社会保障部与中华全国总工会联合下发的《关于进一步加强农民工文化工作的意见》,以及2015年1月14日,中共中央办公厅、国务院办公厅印发《关于加快构建现代公共文化服务体系的意见》《国家基本公共文化服务指导标准(2015—2020年)》,2016年2月6日,文化部发布《关于进一步做好为农民工文化服务工作的意见》，对加快构建现代公共文化服务体系，推进基本公共文化服务标准化均等化，保障人民群众基本文化权益作了全面部署，对农民工文化建设进行了具体部署，这是我国从制度层面消除城乡二元结构鸿沟，推动公共文化服务均等化的一个重要举措，表明党和政府正在运用文化的力量为数以亿计的农民工搭建起融入城市的坚实桥梁。然而，新生代农民工的精神文化生活总体来说还比较匮乏，离融入城市还有一段距离。

二 新生代农民工文化融入存在的问题

（一）新生代农民工文化生活匮乏

新生代农民工由于其年龄特点，对文化生活尤为渴望。尽管他们从事的职业有所不同，但文化生活趋于一致，他们是网吧最主要的消费群体之一，上网、看电视是他们从事最多的文化娱乐活动。尤其是手机的普及对于包括新生代农民工影响很大，电脑设备的普及率相对较高。据调查，目前拥有手机的新生代农民工达到了96%，其中使用手机上网的新生代农民工达到了80.33%，手机成为新生代农民工拥有的网络媒体。因此，在此文化环境中，读书看报和上一代农民工相比逐渐减少。当然，在现实生活中，他们也不具备参与精神文化生活的条件。另据笔者调查，60%以上新生代农民工所在单位没有图书室、多功能厅、体育设施、文艺场所，更谈不上有德国法兰克福机场里类似的职工游泳馆、健身房、按摩室等场所。当然，在德国距离机场（Munich Airport）较近四星级酒店一般也都提供配有平面电视的隔音客房以及配有健身房和桑拿浴室的SPA。目前，新生代农民工文化生活单一，基本处于文化生活饥饿状态。据被调查的新生代农民工反映，"平常有活儿干还好些，没活儿干的时候最难熬，不知道到哪里去玩"。不少新生代农民工都期待能有更多的文化生活的方式，渴望能得到国家的关怀。

（二）新生代农民工文化生活处于边缘化状态

新生代农民来到城市工作和生活，但他们的处境使他们难以享受城里的文化生活。从农民工所在工作单位性质看，由于他们多数在生产企业，而且有的是私营企业，而企业的主要目标和精力都放在生产效益上，对解决新生代农民工的文化生活没有兴致也没有动力；从他们居住地情况看，由于他们多数没有自己固定住房，致使他们文化生活需求和文化供给上处在文化边缘化的困境。他们逐渐形成一种边缘文化生活，独立于城市主流文化之外，与城市主流文化相区别、相隔离甚至相冲突。如果不能为其提供更多健康丰富的精神文化生活，他们将很难融入主流文化价值轨道。另外，新生代农民工参与和享受城市文化生活的比例、程度还非常低，据调查：作为新生代农民工文化生活最主要开支项目的上网费用，89%的被调查对象每月在100元以下，67.8%的人还不足50元。

（三）新生代农民工核心价值观缺失

新生代农民工文化融入与我国"五位一体"总体布局中的文化建设有着一定的关系。可以说，如果数以亿计的新生代农民工权益保障出现问题，将影响我国"文化强国"目标的实现。党的十九大报告在"坚定文化自信、推动社会主义文化繁荣兴盛"部分明确提出"培育和践行社会主义核心价值观"。新生代农民工是社会成员的重要组成部分，培育和践行社会主义核心价值观的对象当然包括数以亿计的新生代农民工群体。然而，受主观、客观方面条件限制，相当一部分新生代农民工并未树立起社会主义核心价值观，有的对社会主义核心价值观的具体内容是什么都不清楚，甚至有一部分新生代农民工实施了不符合社会主义核心价值观的行为。众所周知，社会主义核心价值观在公民层面"爱国、敬业、诚信、友善"，而这四个方面对于新生代农民工群体来说都存在较为严重的问题。如从"爱国"方面看，如果说新生代农民工群体中的部分人不爱国肯定是不确切，但如果说他们连国家制定的法律都不能遵守，就不能说是"爱国"。因为爱国不只是停留在口头上，关键还应该看实际行动和具体表现。从"敬业"方面看，由于新生代农民工与所在的工作单位多为临时聘用制，而且按照国家统计局最新统计的数据，目前外出农民工与雇主或单位签订劳动合同的比重38.2%，比上年下降1.5个百分点。这也就是说，目前多达61.8%新生代农民工与雇主没有签订劳动合同，其工作缺少稳定性。因此，在这种情况下新生代农民工想做到"敬业"都不具备条件。如从"诚信、友善"方面看，存在几十年的"二元户籍制度"，教育不公平、同工不同酬的现状，使有的新生代农民工产生了复仇的心理，还有少数农民工为了蝇头小利、眼前利益而失去诚信或欠债赖账，或因为生活习惯、语言冲突进而发生带有浓厚血亲复仇、江湖义气的流血斗殴事件。[①]

第二节 新生代农民工文化融入对策

一 新生代农民工文化融入对策概要

新生代农民工的文化权益如何得到更好保障目前成为一个必须要面对并亟待解决的现实问题。另外，从新生代农民工自身方面看，要改变命运，必须注重自身的文化修养。因为文化能够创造美好，而美好又需要文化。总之，要实现建设"文化强国"的目标，必须采取行之有效措施，解决新生代农民工的文化融入问题。

二 新生代农民工文化融入具体对策

（一）推进政府责任清单制度

党的十九大已经明确法治政府建成的时间是2035年。众所周知，法治政府是有限政府、阳光政府，更重要的是责任政府。责任政府就是对人民高度负责的政府。责任政府要求国家行政机关及其工作人员必须科学、合理、有效地履行职责，一旦违法失职或行政不当，就必须承担相应的责任。针对新生代农民工文化融入问题，政府必须切实履行职责。新生代农民工作为城市化发展的主力军，各级政府有责任给予他们更多的人文关怀，并制定切实可行的措施，有效提高新生代农民工群体的整体文化素质，切实保障他们的文化权益，满足他们的精神文化生活需求。提高新生代农民工文化素质既需要新生代农民工

---

① 宁玉兰、刘昊：《论培育新生代农民工社会主义核心价值观的关键》，《传承》2014年第3期。

自身内在努力，也需要政府社会为其创造外在条件，营造良好的社会氛围。常言道："穷山恶水出刁民。"社会环境不好，打架斗殴、尔虞我诈盛行，对于文化水平普遍较低，辨别能力、控制能力、认知能力较差的人来说想洁身自好有一定难度。况且，有些文化环境的营造也离不开政府的支持，如文化体育场所的建造、管理等等。然而，政府履行职责是依据清单进行的。2015年1月14日，中共中央办公厅、国务院办公厅印发《关于加快构建现代公共文化服务体系的意见》和《国家基本公共文化服务指导标准（2015—2020年）》，对加快构建现代公共文化服务体系，推进基本公共文化服务标准化均等化，保障人民群众基本文化权益作了全面部署。2016年2月6日，文化部发布《关于进一步做好为农民工文化服务工作的意见》，要求切实将农民工纳入城镇公共文化服务体系，逐步实现城镇基本公共文化服务覆盖在城镇常住的农民工及其随迁家属，使其平等享受市民权利。到2020年实现农民工平等享受城镇基本公共文化服务。[①] 另外，此文件明确政府主导，注重以人为本。推动落实常住地政府为农民工文化服务的主体责任，保障农民工平等享受城镇基本公共文化服务的内容。可见，文件对农民工文化服务的内容和手段规定等非常明确，因此，现阶段对基本内容不是深入研究探讨的问题，而是在实践层面如何更好的实施问题。按照国家治理体系、治理能力现代化的要求，政府应以清单方式为农民工提供适时到位的文化服务。如按照《国家基本公共文化服务指导标准（2015—2020年）》的规定，"在城镇主要街道、公共场所、居民小区等人流密集地点设置阅报栏或电子阅报屏，提供时政、'三农'、科普、文化、生活等方面的信息服务"，以及政府如何提供文化方面的服务及其他政府购买等方面就是需要政府如何贯彻落实的问题。因此，政府应在新生代农民工文化融入方面制定出较为完善的责任清单，使人们能够了解政府为新生代农民工提供文化服务的行政权力边界，知晓行政权力运行轨道，以监督政府行政权力的有

[①] 文化部：《关于进一步做好为农民工文化服务工作的意见》，2016年2月6日，中国经济网综合（http://www.ce.cn/）。

效运行。

（二）增强企业文化活力

文化部发布的《关于进一步做好为农民工文化服务工作的意见》提出，到2020年，全面实现农民工平等享受城镇基本公共文化服务，为农民工文化服务的内容和手段更加丰富，服务效能显著提升，政府、企业、社会共同参与为农民工文化服务的工作格局基本形成。[①]由此可见，对于新生代农民工文化融入问题，企业不仅应承担起相应的责任，而且企业的作用也很重要。因为新生代农民工首先接触的和接触时间最长的就是其所在的企业。实践证明，通过优秀的企业文化熏陶能够有效提升企业员工素质。如，图书阅读、培训讲座、文体活动、艺术鉴赏等文化活动完全可以在企业内部进行。企业通过这些活动的开展，既能在情感上拉近员工之间的距离，又有利于企业生产任务的完成，给企业带来间接的经济效益，达到事半功倍的效果。因此，企业要发展，就以人为本，从农民工需求出发，开展丰富多彩的文化生活，增强企业文化活力，以实现经济效益和社会效益双赢。

（三）发挥图书馆等公益性信息服务职能

按照文化部发布《关于进一步做好为农民工文化服务工作的意见》，图书馆、文化馆、博物馆、美术馆等公益性信息服务应加大公共文化设施向农民工免费开放力度。此外，国家应考虑新生代农民工工作、生活的特殊性，在加大公共文化设施向农民工免费开放力度的同时，应该有针对性地在新生代农民工聚集地附近或在农民工居住比较集中的小区内规划成立符合农民工特点的文化活动站。另外，将《关于进一步做好为农民工文化服务工作的意见》中提出的"增强基层综合性文化服务中心为农民工服务的功能。在基层综合性文化服务中心设备配置、资源和服务供给等方面适当向农民工倾斜，基本服务项目目录中增加为农民工服务的项目"[②]落到实处。

[①] 文化部：《关于进一步做好为农民工文化服务工作的意见》，2016年2月6日，中国经济网综合（http://www.ce.cn）。

[②] 同上。

第七章　新生代农民工的身份融入

新生代农民工的身份融入是其融入城市的最为关键问题。其实，横亘在农民工与市民之间的鸿沟就是新生代农民工的身份问题。

身份的概念最早源于19世纪英国著名法律史学家梅因的论断，他在分析西方由传统社会向近现代法制社会转变时指出：所有进步社会的运动在有一点上是一致的，在运动发展的过程中，用以逐步代替源自"家族"各种权利义务上那种相互关系形式的就是"契约"，可以说，所有进步社会的运动，到此处为止，是一个"从身份到契约"的运动。①《辞海》中对身份的解释是指人的出身、地位或资格。德国著名社会学家马克斯·韦伯也对此进行了解释，他认为，所谓"身份"是在社会声望方面可以有效地得到肯定和否定的特权。可见，身份代表的是一种地位和权力。

近年来，我国改革开放以前浓厚的身份社会面貌引起了学术界的关注。有学者指出，"如果一个人在社会中所拥有的权利和义务取决于他先天和后天所具有的身份，这种社会就可以称为身份社会"②。中国社会科学院陈金光认为，改革前中国大陆社会是一种制度性不平等的社会，其社会分化和流动机制不具有公正价值，而人们对它的接受基本上也是被迫的。③

尽管学界对"身份"的含义、性质及其公正性问题有了一定的研

---

① ［英］梅因：《古代法》，沈景一译，商务印书馆1996年版。
② 《身份决定命运，还是奋斗决定命运？》，《人民日报》2010年11月11日。
③ 陈金光：《身份化制度区隔——改革前中国社会分化和流动机制的形成及公正性问题》，《江苏社会科学》2004年第1期。

究，但是我们认为，对于身份形成的根本原因问题研究还不到位，特别是它对中国社会工业化、现代化、城市化产生的影响等问题，尚未引起足够的注意，致使社会有些人在认识上出现了偏差。早在几年前党中央就提出要构建社会主义和谐社会，但到目前为止，我国城乡之间、工农之间关系并不十分和谐，尤其是新生代农民工依然受到排斥。如，某省2017年10月出台的养老保险新政明确规定的两个条件：一是2017年6月30日前曾经与城镇企业（包括城镇集体企业、劳服公司、五七工厂、家属工厂等）、机关、事业单位、社会团体等用人单位建立劳动关系或形成事实劳动关系，后因各种原因解除劳动关系或离开原单位，且能提供有效原始材料的未参加城镇职工基本养老保险的人员（包括未参保的返城未安置就业知青）。二是2010年12月31日及办理参保缴费手续时均具有城镇户籍。由此可见，截至目前户籍问题对农民工仍然具有重要影响。另外，在一些城市人眼里他们被看成是"盲流子"；同样，农民工对城里人也无好感。一份调查显示，新生代农民工无论是工作期间还是工作之余基本不和城里人接触，他们在城市交往最多的人是老乡和进城后认识的外乡打工者，分别占到33.6%和36.4%，进城后认识的城里人只有11.2%。遇到困难时，70%左右的农民工首先是请求老乡或同学帮忙。他们尽管追求时尚、崇尚自由的生活方式、价值观念等与城里同龄人基本相同，但却难以融入城市主流群体。另据调查显示，有24.83%的城市居民对新生代农民工不太友善，以至于心理与行为上排斥他们。

第一节　新生代农民工身份融入的制约因素及原因

一　新生代农民工身份融入的制约因素

（一）新生代农民工身份融入的社会制约因素

从社会层面看，新生代农民工身份转换较为艰难。目前，多数城里人不认为新生代农民工是城里人，同时也更不希望他们成为城里人。尽管当前农民工问题引起了社会各界的广泛关注，但是在知识界、舆论界的各种讨论中,"农民工"的社会类别成分被不断加以强化。在现行制度的安排与运行下,农民工"非市民"身份成为一种"社会共识",也成为市民对农民工评价、判断的基础,农民工的真实身份——"城乡迁徙者"被掩盖了。[①] 在现实生活中,相当一部分城市市民对新生代农民工较为反感,如有的认为新生代农民工是一个犯罪高发群体,综合素质偏低,破坏了城市的秩序,影响了城市形象。笔者通过调查发现:处于社会较低层的 70% 左右的市民对农民工更为反感,他们认为,由于农民工的出现,造成了城市居民的就业困难等。总之,原有的城市市民多数对新生代农民工是不接纳的,不希望他们成为城市市民。

(二)新生代农民工身份融入的自身制约因素

从新生代农民工自身层面看,其身份转换较为艰难。从乡村来到城市,从一种生活方式转向另一种生活方式,在面对身份转换时他们产生了迷茫,遇到了与上一代农民工同样的困惑。他们对于自己究竟是什么"身份"很多人搞不清楚。有调查显示,约有一半的新生代农民工中认为自己仍是农民,超过一半的人对自我身份认同趋于模糊,而且说不清自己身份的呈递增趋势。当前,新生代农民工对自我身份认同呈现出的模糊性和内心自我矛盾性,势必导致他们身份转换的艰难。

(三)新生代农民工身份融入的国家制约因素

从国家层面看,"户口"将他们从出生时的身份就锁定为农民。新生代农民工的农民身份确定与我国公民迁徙自由权利取消相伴而生。"迁徙"是人的一项基本权利,属于人身自由的重要组成部分,但如今这一词却使许多人感到陌生。中华人民共和国成立后,1954年我国制定了第一部宪法,并明确规定:"公民有居住和迁徙的自由"。然而,1956 年 12 月 30 日,国务院发布了《关于防止农村人口盲目外流的指示》,明确要求城市"各单位一律不得私自从农村中招

---

① 张雪筠:《群体性排斥与部分的接纳——市民与农民工群际关系的实证分析》,《广西社会科学》2008 年第 5 期。

工和私自录用盲目流入城市的农民,农业社和农村中的机关、团体也不得私自介绍农民到城市和工矿区找工作。"致使农村劳动力基本被排斥在城市就业大门之外。1957年12月18日中共中央和国务院又联合发布了《关于制止农民盲目外流的指示》,要求在某些铁路沿线或交通要道,应加强对农村人口盲目外流的劝阻工作,防止农民弃农经商,进城从事商业投机活动。为了与此相配合,1958年1月9日,第一届全国人民代表大会常务委员会第91次会议通过了《中华人民共和国户口登记条例》,确立了一套严格的户口管理制度。该条例第10条明确规定:"公民由农村迁往城市,必须持有城市劳动部门的录用证明,学校的录取证明,或者城市户口登记机关的准予迁入的证明,向常住地户口登记机关申请迁出手续。"此条例的颁布实施,标志着我国以严格限制农村人口向城市流动为核心的户口迁移制度的形成。[①]从此,宪法规定的我国公民自由迁徙权利被剥夺了。1963年,公安部将全国户口划分为"农业户口"和"非农业户口",国务院于1964年8月批转了《公安部关于处理户口迁移的规定(草案)》,严格限制从农村迁往城市、集镇的人口,从此完备的以歧视农民为特征的当代"种姓制度"建立。1966年"文化大革命"爆发,侵犯人权的现象更是比比皆是。1975年宪法、1978年宪法以及1982年宪法,将1954年宪法规定的"公民有居住和迁徙的自由"条款删除,造成了用宪法剥夺公民居住和迁徙权利的结果。可见,早在20世纪50年代起户口是一种不容选择的世袭凭证,除考入中、高等学校、招工、参军等极少数情况外,基本终身身份不变。然而,在计划经济年代当时设计这种制度有其必然性。但在我国第二次人权行动计划实施的今天,这一制度的合理性、科学性需要我们实事求是的予以审视。近年来,为从根本上解决新生代农民工问题,我国户籍制度不断在国家政策层面上进行调整(见表7-1)。

---

① 《中华人民共和国户口登记条例》,2013年1月9日,360百科(https://baike.so.com)。

表 7-1　　　　　　　近年国家户籍制度政策一览表

时间	政策名称	内容
1984 年 10 月	《关于农民进集镇落户问题的通知》（国务院）	要求支持有经营能力、技术专长的农民进入集镇经营工商业，公安部门应准予其落常住户口
2001 年 3 月	《关于推进小城镇户籍管理制度改革的意见》（国务院批转公安部）	引导农村人口向城镇有序转移
2012 年 2 月 23 日	《关于积极稳妥推进户籍管理制度改革的通知》（国务院办公厅）	要求今后有关就业、义务教育、技能培训等政策措施与户口性质脱钩
2014 年 7 月 24 日	《关于进一步推进户籍制度改革的意见》（国务院办公厅）	促进有能力在城镇稳定就业和生活的常住人口有序实现市民化，稳步推进城镇基本公共服务常住人口全覆盖
截至 2016 年	25 个省区市发布居住证实施办法	

自 20 世纪 80 年代至 21 世纪新时代的今天，尽管国家加大了户籍管理制度改革力度，相继出台了多部相关决定，但目前我国户籍制度创新尚未完结，其背后附加的一些行政管理职能，仍在一定程度上束缚着农民工在城乡之间自由迁徙。

二　制约新生代农民工身份融入的原因分析

（一）城乡分割"二元户籍制度"的制约

从社会现实看，20 世纪 50 年代带有歧视性质的户籍制度在劳动领域仍然发挥作用。多年来，由于这一制度的存在，致使新生代农民工在就业过程中受到了职业歧视和雇佣歧视。有的城市通过制定政策对农民工进行总量控制，有的城市在劳动力市场竞争激烈的情况下，为了提高城市就业率，竟然采取"腾笼换鸟"的做法，有的尽管容纳了新生代农民工在城市就业，但是其就业岗位的性质基本是劳动强度大，劳动时间长，收入低，环境差的低等级的职位。从某一类地区 2017 年的选聘公告便不难发现他们受歧视的情况。选聘公告的题目为"××市农牧局 2017 年选聘人才公告"，其应聘人员应具备的第一项基本条件是"具有××地区户籍，以 2017 年 12 月 20 日的户口所在地为准；报考学历学位底线为硕士以上研究生的不限户籍。"可见，这个选聘范围具有某市户籍是关键。如果没有某市户籍无论你多么品学兼优，即使是毕业于哈佛、耶鲁等世界顶尖级的名校，也是连最起码报考的资格都没有。然而，这种情况在我国目前并不是仅此一例。再如，××市公务员各级机关单位2018年考试录用招考范围及对象中招考条件之一是有舟山市常住户口的大专学历人员（以2017年11月22日的户口所在地为准）。由此可见，目前我们带有歧视性质的户籍制度不仅仍然存在，而且在人生的转折关头甚至起决定作用，这种情况，人们随时用手机上网百度一下便可看到。我们试想如果一位出身农民家庭的大学生，即使就读本科院校，但因其户籍原因一般也不具备报考公务员或事业单位的资格。可见，现有9.4%较高学历已毕业的新生代农民工就是这样被排除在外的。其实，按照人类社会文明发展的目标，迁徙自由的本意，不仅是人们从农村到城市不应被限制，而且到哪所城市，从事什么样的工作也不应受限制。

（二）新生代农民工自身素质低下的影响

新生代农民工的文化水平、认知能力、专业技能和法律水平等极为低下，尤其在彷徨、报复等心理作用下，缺少追求自身权利的理性，不能正确运用法律的手段维护自身的合法权益。当他们与城里人比较发现地位等各方面有差距时，脆弱的心理难以忍受，在这种扭曲的心理驱动下，有的则采取过激行为。

第二节　新生代农民工身份融入的对策

一　新生代农民工的身份融入对策概要

近年来，新型城镇化建设为新生代农民工更好地融入城市奠定了基础，但城乡二元结构所带来的福利待遇、公共服务等方面的差距依然存在。[①] 为此，为了使新生代农民工更快融入城市，2014年国务院

---

① 文宁：《让新生代农民工更快融入城市》，2017年12月27日，人民论坛网（http://www.rmlt.com.cn）。

出台了《关于进一步推进户籍制度改革的意见》。该意见明确提出："建立城乡统一的户口登记制度。取消农业户口与非农业户口性质区分和由此衍生的蓝印户口等户口类型，统一登记为居民户口，体现户籍制度的人口登记管理功能。建立与统一城乡户口登记制度相适应的教育、卫生计生、就业、社保、住房、土地及人口统计制度。"[①] 目前，北京、上海等很多一线城市率先推出的居住证制度，为留住高端技术型人才起到了重要作用。按照这一制度设计，尽管90%以上的新生代农民工都没有希望在北京、上海等很多一线城市获得居住证，因为他们学历低、技能低，难以成为高端技术型人才。然而，新生代农民工融入城市并非指的就是一线城市，一些中小城市、小城镇也是很好的去处。因此，居住证的适用范围应具有普遍性，而且要一步扩大，使其广泛惠及新生代农民工群体。

二 新生代农民工身份融入的具体对策

（一）大力发展县、镇、村经济

新生代农民工问题的产生和解决与经济发展有着密切关系。工业化推动了农业现代化和农村劳动力转移；城市经济的繁荣又促进了第二、第三产业的发展；农村剩余劳动力又为工业化城市的进一步发展提供了有利条件；而经济的发展与繁荣又为解决新生代农民工问题奠定了基础。

我国目前确立的是以公有制为主体、多种所有制经济共同发展的这一基本经济制度，党的十六大以来，在"两个毫不动摇"，即一方面毫不动摇地巩固和发展公有制经济；另一方面毫不动摇地鼓励和支持非公经济发展的精神引导下，我国不仅国有经济有所发展和壮大，而且个体、私营与外资等非公企业也有所发展。党的十九大报告再次强调，"必须坚持和完善我国社会主义基本经济制度和分配制度，毫不动摇巩固和发展公有制经济，毫不动摇鼓励、支持、引导非公有制

---

① 《国务院关于进一步推进户籍制度改革的意见》，2014年7月30日，中国新闻网（http://www.chinanews.com）。

经济发展。"① 继续坚持"两个毫不动摇",对于坚持和完善基本经济制度、促进公有制经济和非公有制经济共同发展、实现全面建成小康社会具有重要的现实意义和深远的历史意义。但针对新生代农民工多数就业于个体、私营与外资等非公企业的状况,为了帮助他们实现充分就业,国家尚需制定政策加以引导,以鼓励和支持非公经济进一步健康发展。

目前,从我国国情出发,要拓展吸纳农村人口和农民向非农领域转移就业的空间,从根本上解决"三农"问题,还应大力发展县、镇、村经济,加快城镇化建设、采取切实可行措施,推进乡村战略。城镇化与"城市化"不同,如果目前我国2000多个县、16000多个镇都建设成为了"新县镇",就可以容纳数以亿计的"新生代农民工"及其家属转移、搬迁,成为"新市民"。在我国大、中城市接纳能力极为有限,而新生代农民工绝大多数又不愿意返乡的情况下,农民工原户籍所在地的住户也越来越少。尽管近年来随着新农村建设的不断推进,国家在农村建设方面也投入了不少资金,但由于农村多数地区基础条件薄弱,除少数示范村有所改善外,多数地区自然、人文环境依然较差。因此,当前在多数农民工不被大、中城市接纳,也不愿意返乡的情况下,只有转移工作重心,大力发展县、镇经济,才能进一步解决他们的就业问题。实践证明,要发展县、镇、村经济,就应该制定优惠政策,鼓励劳动密集型的产业实行战略性转移。新生代农民工工作的行业多数是我国劳动密集型产业,而这一产业又相对集中于东南沿海等发达地区。目前这些地区已面临着环境恶化、资源瓶颈等问题。并且农民工这种四处奔波的打工方式也引发了大量的社会问题。如近年来春运人数居高不下,尽管有关部门采取了行之有效的措施,但仍有部分农民工有家难回。据调查,相当一部分农民工都表示,如果在家乡当地能找到合适的工作,还是愿意在当地打工。在连续14个中央一号文件重视"三农"问题后的当今,党的十九大明确提出了"乡村振兴战略"。这一战略的提出,继承了党重视"三农"

---

① 《十九大报告》(全文),《人民日报》2017年10月28日。

问题的优良传统，并进行了创新发展，在实践层面能够使相当一部分愿意在当地打工的新生代农民工盼望已久的梦想变成现实。2017年12月23日，中国农民工返乡创业创新助推乡村振兴发展大会在贵州省遵义市汇川区举行。与会专家围绕加快城乡统筹发展、推进农业供给侧结构性改革、加快新型城镇化、破解农民工在返乡创业中的政策短板等话题出谋划策，与返乡农民工代表进行交流。"乡村振兴战略"是我国经济发展的新的着力点，中央高度重视。2017年12月28日至29日，中央农村工作会议在北京举行。会议全面分析"三农"工作面临的形势和任务，研究实施乡村振兴战略的重要政策；12月29日至30日，全国农业工作会议在北京召开。会议总结2017年及过去5年的工作，研究实施乡村振兴战略措施。由于"乡村振兴战略"是党的十九大刚刚提出的一个新问题，因而引起了理论界高度重视。有专家建议，聚焦农民问题一定要聚焦新型农业经营主体，包括各类企业，要帮助普通农民实现和市场的对接，要让农民在现代农业过程中有获得感。国务院发展研究中心农村经济研究部部长叶兴庆认为，我国现在处于一个重要的时间节点，"三农"是未来3年实现全面小康目标的短板，也是未来实现现代化目标的短板，因此要把"三农"问题挑出来，统筹各方面力量进行集中攻关，需要这个有影响力、有凝聚力的大战略。农业部部长韩长赋告诉记者，城乡发展不平衡、农村发展不充分，是新时代我国社会主要矛盾的突出表现，必须解决好。虽然我国农业在国内生产总值中的比重在变小，农民在减少，村庄也在减少，但农村还有约6亿人，农业在国民经济中的基础地位没有变、农民是最值得关怀的最大群体的现实没有变、农村是全面建成小康社会的短板没有变。如果说在决胜全面小康阶段要消除绝对贫困，那么在全面建设现代化强国阶段，就是要缩小城乡差别。而实施乡村振兴战略将给农业农村经济发展带来重大战略机遇。只有实施乡村振兴战略，才能有力促进现代农业建设，加快实现农业现代化；才能进一步促进农民增收，实现农民生活富裕；才能更好地促进农村经济社会发展，实现农村和谐美丽。可以说，实施乡村振兴战略，有助于从根本上解决我国的"三农"问题。[①] 中央农村工作会议提出了实施乡村振兴战略的目标任务和基本原则。按照党的十九大提出的决胜全面建成小康社会、分两个阶段实现第二个百年奋斗目标的战略安排，明确实施乡村振兴战略的目标任务是到 2020 年，乡村振兴取得重要进展，制度框架和政策体系基本形成；到 2035 年，乡村振兴取得决定性进展，农业农村现代化基本实现；到 2050 年，乡村全面振兴，农业强、农村美、农民富全面实现。在基本原则上，要坚持党管农村工作，坚持农业农村优先发展，坚持农民主体地位，坚持乡村全面振兴，坚持城乡融合发展，坚持人与自然和谐共生，坚持因地制宜、循序渐进。因此，乡村振兴战略能够从根本上解决我国的"三农"问题，而新生代农民工无论是返乡，还是融入城市都与此有关。可以说，2050 年乡村全面振兴之时，就是新生代农民工问题彻底解决之日。此外，国家今后还应在土地、税收等方面出台一系列优惠政策，特别是要采取有针对性的措施，鼓励大学毕业生到中西部地区创业发展，真正以创业带动就业，从而加速劳动密集型产业从我国东南部向中西部地区转移。这不仅有利于中西部地区的快速发展，发挥当地自然资源优势，也便于新生代农民工就近就业，不再使亿万农民背井离乡，满足这一群体对美好生活的要求。

此外，我们在大力发展县、镇、村经济的同时，还应大力发展知识技术含量较低的第三产业。一般而言，第三产业是劳动密集型产业，但知识技术含量较高的如证券、保险等第三产业也不是转移农村剩余劳动力的重要领域。为此，目前我们只有大力发展餐饮服务、旅游服务、家政服务等技术含量较低的第三产业，才能有效促使新生代农民工就业。另外，我们在发展国内经济的同时，应大力发展外向型经济，在与进行建立外交关系的国家之间进行劳务输出，充分发挥我国廉价而丰富的劳动力资源优势，以此为新生代为农民工争得更多的就业岗位。

---

① 郭翔宇：《新时代乡村振兴的指导思想和战略部署》，2018 年 1 月 1 日，中国社会科学网（http：//www.cssn.cn）。

我们知道，数以亿计的新生代农民工进城就业使产业结构发生了变化，促进了我国经济的进一步增长，并且增长的幅度已有量化。因为，"每1%的农村劳动力转移到非农产业，将使GDP增加0.50—0.85个百分点，每1%的乡村人口转移到城镇，将使中国居民消费额提高0.19—0.34个百分点"（胡鞍钢等，2002）。可见，新生代农民工在城市充分就业即城市化，有利于我国经济的发展。

目前尽管我国工业化早已完结，但我国经济发展还有很大的空间。党的十九大报告作出"我国经济已由高速增长阶段转向高质量发展阶段"的判断，是继经济发展进入新常态后，针对国际国内环境新变化，特别是发展条件新变化作出新的重大判断。改革开放以来的40年，我国经济保持了近10%的高速增长，在全球的经济比重不断提升。这主要是因为改革开放形成了有效激励市场主体和充分利用国际国内市场资源的体制机制，使我国劳动力资源丰富、储蓄率高的要素"红利"，得以通过国内外需求的持续拉动，得到充分的发挥。而在我国劳动力资源丰富、储蓄率高的要素"红利"里新生代农民工是不可缺少的一部分。目前，这部分丰富的劳动力资源的要素"红利"还有进一步释放的可能。国家统计局2017年4月27日发布的《2016年农民工监测调查报告》表明，近年来，新生代农民工的总数并没有减少。如，国家统计局2011年发布的《2010年农民工监测调查报告》显示，2010年末时我国农民工总量达到2亿4223万人，比上一年增加1245万人，当时，新生代农民工占农民工总数的比例没有具体统计。而2018年4月27日，国家统计局发布《2017年农民工监测调查报告》显示，2017年农民工总量继续增加，达到2亿8652万人，其中五成以上为新生代农民工。上述数据表明，截至目前，新生代农民工总数是增加的。因此，我们还可以利用这部分丰富的劳动力资源，采取大力发展县、镇经济，外向型经济的形式进行发展。这既是经济发展的"新引擎"，又是我国经济高质量发展阶段不可忽视的因素，又能为流入城市的新生代农民工提供就业创造条件。

另外，拓展农民工就业空间，使得新生代农民工能够充分就业，又为他们政治参与创造了条件。众所周知,经济基础决定上层建筑,新生代农民工政治参与同样需要以经济为条件。因为不同的经济状况,可以导致人们实施不同的行为。我们难以想象出一个衣食无着的人会表现出对政治的极大热情。正如美国著名政治学家亨廷顿所言:"社会经济发展促进政治参与的扩大,造成参与基础的多样化,并自动导致自动参与代替动员参与。"① 改革开放的总设计师邓小平同志对公民政治参与与经济发展的关系进行了深刻的论述。他明确指出:"世界上一些国家发生问题,从根本上说,都是因为经济上不去,没有饭吃,没有衣穿,工资增长被通货膨胀抵消,生活水平下降,长期过紧日子。"② 可见,我们只有大力发展经济,有了雄厚的经济基础,新生代农民工有劳有得,才有可能进行政治参与。因此,大力发展经济不仅是我国社会主义现代化建设的根本任务,也能为新生代农民工政治参与提供物质保障。

(二) 完善城乡统一的户籍制度

原有二元户籍制度带有明显歧视性特征,为了使新生代农民工能够尽快融入城市,消除体制上的羁绊,应建立城乡统一的户籍制度。两代农民工之间的差异,需要中国的城镇管理政策作出调整,政府应在各地改革的基础上,借鉴国外大多数国家的采取的居住登记制度的经验,以尽快建立起与我国城市管理相衔接,与城镇化建设相匹配,并具有明显法治化特征的新的一元化户籍制度或办法,为新生代农民工中的相当一部分人融入城镇提供必要的制度条件。

1. 创新人口管理

"农业户口"、"非农业户口"与"农民工"的概念一样带有某种歧视性质。我们实行户籍制度改革,就是为了使"农民"这一称谓不再是身份的象征,而仅是一种职业,并将这一带有某种歧视性质的概念随着改革的深入、时代的发展而取消。当前,城乡统一的户籍制度还应该怎样完善值得深入研究探讨。近年来,我国已有辽宁、河

---

① 王维:《农民工政治参与边缘化成因浅析》,《江西农业大学学报》2007 年第 2 期。
② 童展竹:《要把争取时间放在首位——重温邓小平关于时间的论述》,《广安日报》2017 年 6 月 28 日。

北、山东、重庆等10多个省（自治区、直辖市）取消了农业户口和非农业户口的"二元户口"的划分，统一了城乡户口登记制度，统称为"居民户口"。如，2010年1月，成都市委市政府出台了《关于全域成都城乡统一户籍实现居民自由迁徙的意见》，该意见提出到2012年，实现全域成都城乡统一户籍。按照这一规定，今后在成都，城镇居民和农村居民自由迁徙不再受任何限制。而劳务输出大省的广东则把农民工积分制入户从市推广到全省。成都和广东实行的户籍改革措施有所不同，成都实行的是彻底破除城乡居民身份差异，无条件地推进户籍、实行一元化管理；而广东实行的是积分制入户。然而，户籍制度究竟怎样改革，是按照成都模式还是广东模式，或者是其他模式进行，现在仍在探索之中。其实，上述两种模式固然值得借鉴，但其所解决的均是省内自由流动问题。如成都仅限于农民工在本地域之间的城乡流动；而广东在本省所得的积分到省外还不能接续。况且新生代农民工流入的地域是不断变化的，他们所有的人不是一直固定在一个省份打工，并且流入地域的人口总量也是不同的。在这种情况下，各地制定单独的措施能否解决全国各地的新生代农民工自由流动是个值得研究的问题。前几年，有学者认为，全国范围内在户籍制度改革经验的基础上应该有一个关于新生代农民工在城市落户的总体方案，具体到各个省份可以在全国总体方案的框架内，根据各地实际状况有所调整，并且每年对于农民工在城里落户的数量不应该有硬性规定，避免引发"半城市化"问题的出现，以便实事求是地为新生代农民工融入城市提供现实的入户机遇和选择。值得欣慰的是，2014年国务院发布的《关于进一步推进户籍制度改革的意见》提出，建立城乡统一的户口登记制度。取消农业户口与非农业户口性质区分和由此衍生的蓝印户口等户口类型，统一登记为居民户口，体现户籍制度的人口登记管理功能。目前已经出台户籍制度改革方案的省区市包括北京、河北、河南、山东、山西、陕西、江西、湖南、湖北、广东、广西、黑龙江、吉林、辽宁、重庆、云南、甘肃、青海、福建、江苏、安徽、贵州、四川、新疆、宁夏、浙江、海南、内蒙古、天津、上海。

2. 将户籍与公共服务脱钩

为了推进城市化进程,我们所进行的户籍改革,其目的绝非仅仅是统一城乡户口登记制度,而实质内容应该是剥离计划经济时代强加给户籍制度的各种职能,取消附着在户口本上的各种经济利益。中国人民公安大学、户籍问题专家王太元教授认为,"必须把各种待遇与户籍脱钩","让就业、教育、住房、社会福利等等生活现实决定只有象征意义的户口本,而不是只有象征意义的户口本决定这些实实在在的现实生活和具体利益。"我认为,统一户口不是目的,保障权利才是根本。我们应该使改革后的城乡统一户口登记制度成为切实保障公民权利和社会利益的良性制度,实现城乡公民在社会保障、教育、医疗、就业、住房等一系列关乎民生问题上的平等,而解决这些问题才是我们城市化的关键。正如中国社会科学院发布的《2016年中国城市发展报告》蓝皮书所指出的:随着中国城市化进程的加速,城市社会矛盾日益凸显,各种民生问题社会影响较大。习近平总书记的2018年新年贺词释放最大的信号就是人民。习近平总书记指出:"我了解人民群众最关心的就是教育、就业、收入、社保、医疗、养老、居住、环境等方面的事情,大家有许多收获,也有不少操心事、烦心事。"在党的十九大报告中,习近平总书记用了很大的篇幅阐述了目前我们在发展不平衡不充分方面还存在着六大主要问题、矛盾。而我国目前社会发展不平衡不充分就包含城乡之间发展的不平衡。当前,尽管我国社会养老保险已经覆盖9亿多人,基本医疗保险已经覆盖13亿5000多万人,又有1000多万农村贫困人口实现脱贫,340万贫困人口实现易地扶贫搬迁、有了温暖的新家。可是相对而言,农民工的操心事、烦心事就更多一些。

当前,农民工市民化问题对中国现代化进程具有决定性影响。因此,要求政府在构建覆盖包括进城务工人员的一元化的户籍制度同时,尽快解决农民工的公共需求问题,使他们能够享受与其他城市居民同等的社会保障权利,以逐步达到将其市民化的目标。此外,在户籍管理时,应借鉴国外发达国家"人口生命登记制度",或叫"人事登记"制度的经验,利用我国现有的居民(改为公民)身份证号

（相当于国外的社会保障号），将公民的出生、死亡、结婚、离婚、生育、宗教信仰等事项予以登记，让农民工获得和城市居民同样的平等待遇，以实现"要素配置效益最大化"。

近年来，我国绝大多数城市基础设施建设、社会保障及公共服务多数还是延续计划经济年代的做法，没有根据城市实际居住人口，而是根据现有户籍人口设计的，有的至今没有把新生代农民工住房、就业、教育、医疗等需求纳入公共服务体系建设之中。目前，尽管有的地方在制定"十三五"规划时已考虑到新生代农民工的实际需求，如，在城市建设方面已按实际居住人口设计，但其房屋往往是坐落在城乡接合部，而且是专门的农民工住宅小区，这就不可避免会增大新生代农民工融入城市的难度。另外，相当一部分地区依附于户籍基础上的义务前教育问题并没改变。子女真正享受免费上城镇公办幼儿园的农民工微乎其微，而子女缴费上城镇公办幼儿园的农民工也不到10%，即使包括子女上城镇民办学校的农民工为绝大多数。还有一些农民工把部分子女留在家乡上学，把部分子女带在身边上学。解决这一问题的出路在于政府应针对两代农民工之间的差异，在城镇管理政策上应尽快做出调整，特别是要尽快建立起与城市社会管理相衔接，具有明显法治化特点的"一元化"户籍制度或办法，为新生代农民工融入城镇，享受均等的公共服务提供必要的制度条件，并随着经济的发展，为最终保障公民的迁徙自由奠定基础。

（三）制定产业战略性转移优惠政策

新生代农民工工作的行业多数是我国劳动密集型产业，而这一产业又相对集中于东南沿海等发达地区。目前这些地区已面临着环境恶化、资源瓶颈等问题，并且农民工这种四处奔波的打工方式也引发了大量的社会问题。如近年来春运人数居高不下，尽管有关部门采取了行之有效的措施，但仍有部分农民工有家难回。据调查，相当一部分农民工都表示，如果在家乡当地能找到合适的工作，还是愿意在当地打工。不过这一状况目前已经有所改变。据国家统计局《2017年农民工监测调查报告》显示，2017年农民工总量达到2亿8652万人，比上年增加481万人，增长1.7%，增速比上年提高

0.2个百分点。[①] 其中，外出农民工1亿7185万人，比上年增加251万人，增长1.5%；本地农民工1亿1467万人，比上年增加230万人，增长2.0%，增速仍快于外出农民工增速。既然，外出农民工在逐年减少，为此，国家今后应在土地、税收等方面出台一系列优惠政策。特别是要采取有针对性的措施，鼓励大学毕业生到中西部地区创业发展，真正以创业带动就业，从而加速劳动密集型产业从我国东南部向中西部地区转移。这不仅有利于中西部地区的快速发展，发挥当地自然资源优势，也便于新生代农民工就近就业，不再使亿万农民背井离乡，使包括新生代农民工在内的接近3个亿的农民"有更多获得感、幸福感、安全感"。

（四）增强社会认同

新生代农民工社会生活融入是其融入城市的直接体现。早在几年前党中央就提出"构建社会主义和谐社会"。但到目前为止，我国城乡之间、工农之间关系并不十分和谐，尤其是新生代农民工依然受到某些社会排斥。他们社会交往能力有限，交往范围狭窄，还没有真正融入城市。社会交往是衡量新生代农民工融入城市的主要标准之一。目前，尽管新生代农民工从农村来到了城市，其生活、工作地域发生了变化，但他们与城里人关系并不亲近，日常交往的主要对象仍是老乡和进城后认识的外乡打工者。在一些城市人眼里农民工被看成是"盲流子"；同样，农民工对城里人也无好感。一份调查显示，新生代农民工无论是工作期间，还是工作之余基本不和城里人接触。他们在城市交往最多的人还是老乡和进城后认识的外乡打工者，分别占到33.6%和36.4%，进城后认识的城里人只有11.2%。遇到困难时，70%左右的农民工首先是请求老乡或同学帮忙。尽管他们追求时尚、崇尚自由的生活方式、价值观念等与城里同龄人基本相同，但他们至今却难以融入城市主流群体。

新生代农民工真正融入城市的显著标志就是其心理融入，这种心

[①] 国家统计局：《2017年农民工监测调查报告》，2018年4月27日，央广网（http://www.cankaoxiaoxi.com/）。

理的融入直接反映在他们对城市的认同是否。新生代农民工怀着对未来的美好憧憬来到了城市，环境的巨变引起了他们心理的改变，他们中的相当一部分对目前的处境表现出无奈。尽管新生代农民工向往在城市定居，也习惯城市生活，但目前相当一部分城里人从心理上不接受他们；同时他们有的也不把自己当城里人看待。而对于城市市民来说，他们更不希望农民工成为城里人。尽管当前农民工问题引起了社会各界的广泛关注，然而，正是由于知识界、舆论界的各种讨论，使得"农民工"的社会类别成分被不断加以强化。在现行制度的安排与运行下，农民工"非市民"身份基本成为一种"社会共识"，也成为市民对农民工评价、判断的基础，农民工的真实身份——"城乡迁徙者"被掩盖了。[①] 甚至在现实生活中，相当一部分城市市民对新生代农民工较为反感，如有的认为新生代农民工是一个犯罪高发群体，综合素质偏低，破坏了城市的秩序，影响了城市形象。笔者通过调查发现：处于社会较低层的70%左右的市民对农民工更为反感，他们认为，由于农民工的出现，造成了城市居民的就业困难等等。由此可见，原有的城市市民多数对新生代农民工在心理上是不接纳的，他们不希望农民工成为城市市民。而对于新生代农民工来说，他们从乡村来到城市，从一种生活方式转向另一种生活方式，但在面对身份转换时他们产生了迷茫，遇到了与上一代农民工同样的困惑。他们对于"农民工"这种称谓是不认可的。在已经成为一家制衣企业结构设计部门主管的孙恒对《半月谈》的记者说："我10年努力打拼，就是为了能像城市人一样活着。农民工是一个贬义词，是对农村进城务工人员的一种排斥和歧视。"他们习惯称自己为"打工族"，但对于自己究竟是什么"身份"很多人搞不清楚。有调查显示，约有四分之一的新生代农民工中认为自己仍是农民，超过一半的人对自我身份认同趋于模糊，他们有的认为自己既是城里人又是农村人，或者认为既不是城里人又不是农村人，有的说不清自己身份到底如何（见图7-

---

① 张雪筠：《"群体性排斥与部分的接纳"——市民与农民工群际关系的实证分析》，《广西社会科学》2008年第5期。

1)。《南方日报》曾报道,"广东劳动力调查:仅17%农民工认为自己是城里人"。

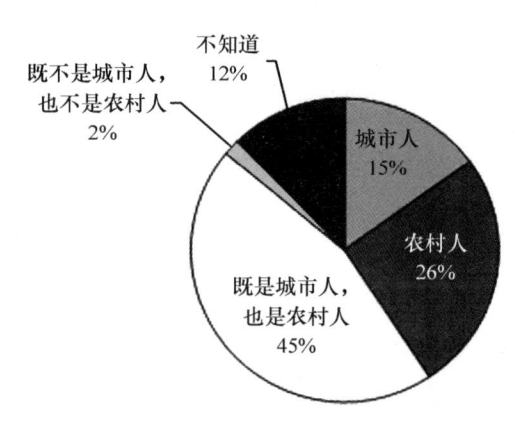

图7-1 新生代农民工对自己身份认同情况

2001年王春光在研究新生代农民工社会融入问题时曾对温州、杭州、深圳打工的农民工进行了调研,其结果是78%的新生代农民工认同农民身份,4%的说不清楚,10.9%的不认同农民身份。从上述3组调研数据的对比中我们便可发现,随着时间的流逝,新生代农民工对农民身份的认同呈递减趋势,不认同农民身份的呈递增趋势,而且说不清自己身份的也有递增趋势。当前,新生代农民工对自我身份认同呈现出的模糊性和内心自我矛盾性,势必导致他们身份认同困境与焦虑。但不当乡下人,要成为城里人,这一点现已得到了新生代农民工群体的普遍认同,这也充分证明了他们具有渴望融入城市的强烈愿望。据统计,目前新生代农民工中,约有85%的人不愿回到农村,75%的人认同自己是"城市的产业工人"[①]。

由此可见,新生代农民工看似已经融入城市,但是,从实质上看,他们离融入城市尚有一定距离。新生代农民工融入城市不只是他们在城里找到一份工作,办个城市户口,获取了城市生活时尚元素,

---

① 《半月谈》:《一亿新生代农民工深度撞击"城市化中国"》,2010年3月31日,新华网(http://www.xinhuanet.com)。

领略到城市时尚风骚，而是他们能与城里人一样享有同等的教育、社会、就业权利。然而，由于二元社会结构，他们中的绝大部分至今仍未能成为真正的城里人。正如前所述，他们目前已经不是实质意义上的"农民"，他们与农村渐行渐远，但与城市也若亲若离，处于退不回农村，又难以融入城市的两难境地。

第八章 新生代农民工的社会融入

第一节 新生代农民工社会融入概述

一 新生代农民工社会融入必要性

新生代农民工社会融入是新生代农民工融入城市不可或缺的问题。它是指新生代农民工积极与本地居民交往,参与城市社会活动。新生代农民工与城市居民交往的意义在于在更高层次上适应城市生活。[①] 有人认为,新生代农民工社会融入不是问题或者说没有必要。随着社会的发展,人与人交往方式也发生了变化,原始的邻里之间那种互助互生的交往已经没有必要,"远亲不如近邻"的观念值得重新认识。尤其是现代通信方式的广泛运用,代替了传统的沟通方式。如今再没有春节期间亲自登门拜年的了,取而代之的是发短信、微信,发朋友圈进行祝福,即使原来就是城里人,有的邻居之间根本不走动、不了解。特别是一梯二户的高层住宅更使邻里之间的联系明显减少。上述学者认识不无道理,但新生代农民工群体融入城市不只是与邻里之间的日常交往,还包括参与其他社会生活。因为,我国已经步入中国特色社会主义新时代,我们的目标是要建成中国特色社会主义社会现代化强国。而现代化社会主义社会经济建设不是封建的自给自足的小农经济,因此,人们不可能不与他人与社会交往。

---

① 李晗:《新生代农民工的社会融入政策支持》,《人民论坛》2010年第1期。

二 新生代农民工社会融入状况

新生代农民工的社会融入体现在与城市居民交流、互动、合作等方面。研究表明，近年来，新生代农民工主动融入社会的程度并不高。2018年4月27日国家统计局发布的《2017年农民工监测调查报告》显示，在城市生活中，除家人外，进城农民工业余时间人际交往时，老乡占34.7%，比上年下降0.5个百分点；当地朋友占24.6%，比上年提高0.3个百分点；同事占22.6%，比上年提高0.4个百分点；其他外来务工人员占3.5%，比上年提高0.4个百分点；基本不和他人来往占12.7%，与去年持平（见表8-1）。上述数据表明，进城农民工的社会交往同质性较高，有待于进一步丰富。

表8-1　　　　　进城农民工业余时间交友选择情况　　　　　单位：%

	2016年	2017年	增减
老乡	35.2	35.2	-0.5
当地朋友	24.3	24.3	0.3
同事	22.2	22.6	0.4
其他外来务工人员	3.1	3.5	0.4
基本不和他人来往	12.7	12.7	0

资料来源：根据国家统计局数据整理。

第二节　新生代农民工社会融入途径

一　新生代农民工社会融入途径概述

新生代农民工社会融入与经济融入、政治融入、民生融入、文化融入、身份融入等途径有所不同。由于新生代农民工社会融入受自身因素影响较大，因此，应以提高自身素质、挖掘自身潜力为主，以国家、政府、社会组织搭建平台，提供外在条件为辅。

二 新生代农民工社会融入具体途径

（一）努力学习增强工作本领

新生代农民工在工作方面，由于学历的限制，他们一般只能从事简单体力劳动，缺乏一定的上升空间。因为对于绝大多数新生代农民工来说缺少融入较高社会阶层的本领。假设一个只有初学文化水平，又没有其他的特殊技能，为其提供一个高端的工作岗位也胜任不了。当然，本领不是天生的，本领不会随着年龄积累或岗位的变动而自然提高。对近七成个人职业持满意态度不高的新生代农民工，只能是通过不断学习来提高自身素质，增强适应社会，提升自我上升空间的本领。而学习对于文化基础薄弱的新生代农民工群体来说并非易事，但要改变命运唯有如此。正如习近平总书记2018年新年贺词所指出的"幸福都是奋斗出来的"。习总书记在党的十九大报告中提出增强"八种本领"，把学习本领放在第一位，是因为学习是前提，好学才能上进，如果不加强学习，其他本领就无从谈起。尽管总书记这一点针对的对象是党员领导干部，但对于包括新生代农民工在内的所有的人都适用，可以说，这是放之四海而皆准的真理。因此，只要新生代农民工自身本领高强，其最终融入城市便是指日可待。

（二）转变观念紧跟时代步伐

由于新生代农民工长期在城市生活，他们不再适应农村的生活方式，也不愿意回到落后于发达城市的乡村。当然，这本应无可厚非。党的十九大报告指出："中国特色社会主义进入新时代，我国社会主要矛盾已经转化为人民日益增长的美好生活需要和不平衡不充分的发展之间的矛盾。"[①] 新生代农民工是人民中的一员，他们也有追求美好生活的权利。从现阶段看，新生代农民工长期工作的城市基础设施、生活环境、文化氛围、发展机会一般都优于他们的流出地，但这只是暂时的。党中央已经描绘好了中国特色社会主义现代化强国宏伟蓝图。尤其是乡村振兴战略的有效实施，将会彻底改变一些乡村贫困

---

① 《十九大报告》（全文），《人民日报》2017年10月28日。

落后的面貌。这也就是说，新生代农民工城市融入，并不仅仅指最终要融入长期务工的城市，其他中小城市，发展速度较快的乡镇都是不错的选择。据调查，近年来，在一些大城市住房限购的情况下，有的农民工为了在此有一席之地，获得购房资质，竟然伪造使用假的身份证、户籍证明等证件，结果不但没融入城市，反而走上违法犯罪道路。因此，在我国已经进入中国特色社会主义新时代的今天，新生代农民工应紧跟时代步伐、转变观念，以便更快融入更适合自身情况的城市。

（三）克服自卑培育阳光心态

如前所述，新生代农民工从来源看由两部分人构成。一部分是自幼就跟随第一代农民工的父母在城里生活；另一部分是中学毕业后来到城里打工。但无论他们在城里生活的时间长短，都具有共同心理状态。如，某课题组通过对新生代农民工群体调查发现，新生代农民工普遍存在相对剥夺感、社会差异感、社会距离感和不满情绪。在社会交往方面，至今为止，新生代农民工仍以老乡、同学交往为主。诚然，这种心理状态是多种因素造成的。其中有各种制度的壁垒，有大众传媒的偏差，有城里人的歧视偏见，也有新生代农民工自身的心理自卑。党的十九大规划了新时代中国特色社会主义宏伟蓝图。在十九大第一次全体会议上，习近平总书记发表了重要讲话，其中一句"全面建成小康社会，一个不能少；共同富裕路上，一个不能掉队"，这句铿锵有力的誓言表明了党中央的决心，更是中国共产党这个代表全国工人阶级政党的执政理念。当前，为实现这一目标以习近平为核心的党中央正在进行顶层设计，深化各领域改革，破除阻碍人民追求美好生活的各种体制机制障碍，包括新生代农民工融入城市的体制机制障碍。这些外在条件的变化，有利于改变新生代农民工自卑的心理状态。然而，新生代农民工心态能否调整，是否能以阳光心态在城里生活、工作，主要取决于自身。因此，当前除加强顶层设计，进行制度创新外，还要加强对新生代农民工的心理健康教育，在全体公民中提倡树立社会主义核心价值观，使社会成员之间能够更加包容友善地在城里工作生活。

第九章 新生代农民工的权益维护

近年来,由于党中央、国务院的高度重视,各级政府部门出台了改善新生代农民工生存与发展条件的政策和措施,使得横亘在新生代农民工进城之路上的障碍逐渐消退。据国家统计局《2016年农民工监测调查报告》显示,新生代农民工在工作和生活中遇到困难时,62.4%的进城农民工想到的是找家人、亲戚帮忙,找老乡的占28.9%,找本地朋友的占24.7%,找单位领导或同事的占11.7%,找工会、妇联和政府部门的占6.8%,找社区的占2.3%。找家人、亲戚帮忙,找老乡和找本地朋友帮忙的农民工比重分别比上年提高0.7、1.1和

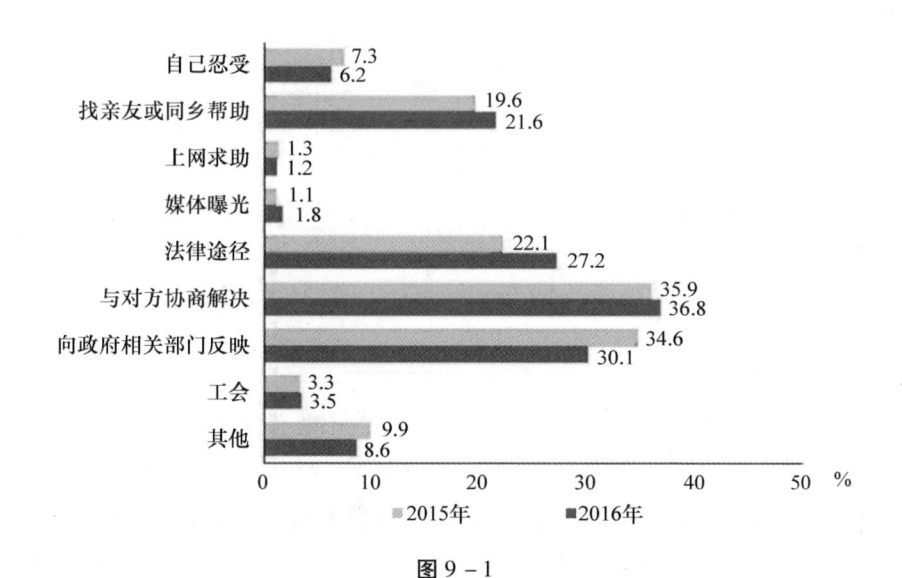

图9-1

资料来源:国家统计局《2016年农民工监测调查报告》。

1.4个百分点（见图9-1）。目前，新生代农民工维权还面临种种难以解决的问题。

第一节 新生代农民工维权方式及状况

一 新生代农民工维权方式

由于新生代农民工融入城市研究是以"新生代农民工各项权利"为视角，其最终目的是为切实维护新生代农民工的合法权益，为此，有必要对其维权方式予以深入探讨。

（一）合法的维权方式

1. 司法救济。新生代农民工诉求司法救济包括申请调解、申请仲裁、提起诉讼等。据调查，15.1%的人选择诉求司法救济方式维权。这说明在所有的维权方式中，除法律援助外新生代农民工诉求司法救济的比重较大（见表9-1）。

表9-1　　　　　　新生代农民工维权方式　　　　　　单位：%

权利受损维护途径	频次	百分比
司法救济	75	15.1
找政府部门居民委	21	4.2
私了、通过媒体	46	9.3
法律援助	323	64.9
单位领导	12	2.4
工会	20	4.1

资料来源：课题组调研。

2. 法律援助。这是新生代农民工维护自身合法权益最有效的方式。据司法部统计，2010年全国法律援助机构共组织办理法律援助案件72万6763件，其中，农民工法律援助案件26万9920件，而新生代农民工需要法律援助案件占相当比例。据调查，新生代农民工希望得到法律援助比例占被调查人数的64.9%，从这方面看，新生代农民工与传统农民工维权方式明显不同。

3. 协商。即新生代农民工在合法权益受到侵犯时与用人单位达成协议以维护其合法权益的方式。从调查的情况看，近年来，新生代农民工在合法权益受到侵犯时与用人单位协商达成协议的方式呈下降趋势，只占调查总额的2.4%。

4. 工会协调。工会在目前农民工维权行动中所起的主要作用是维护农民工的合法权益，组织、引导农民工与雇用方就工资、工时、工作环境等问题进行集体协商、谈判。

5. 上访。这是被有的学者称其为体制外维权途径之一。上访维权，就是指农民工越过底层相关国家机关而到上级机关反映问题并寻求解决的一种方式。

（二）不违法的维权方式

这种方式包括寻求非政府力量帮助和自虐式反抗两种。寻求非政府力量帮助包括老乡会、新闻媒体的帮助等。由于新生代农民工业余文化生活主要是上网、看电视，因此对新闻媒体的作用比较了解，也熟知舆论监督的影响力，因此，不少新生代农民工在权利受到侵犯时，便主动求助于新闻媒体。据调查，9.3%的人选择新闻媒体等维权方式，而传统农民工选择找亲属、老乡、朋友维权的相当普遍。

（三）非法的维权方式

非法的维权方式包括非法示威、对他人的人身、财产进行侵犯和集体骚乱三种。所谓非法示威，我国宪法明确规定公民有言论、出版、集会、结社、游行、示威的自由。但1989年10月31日第七届全国人民代表大会常务委员会第十次会议通过的《中华人民共和国集会游行示威法》对"示威"在即指农民工群体为表达某种共同的愿望和要求而采取的示威性又进行了具体规定。如，该法第7条规定："举行集会、游行、示威，必须依照本法规定向主管机关提出申请并获得许可。"[1] 这意味着"示威"要通过一定的程序，否则即为非法。

---

[1] 《中华人民共和国集会游行示威法》，1989年10月31日，360百科（https://baike.so.com/）。

所谓对他人的人身、财产进行侵犯，顾名思义就是以非法手段进行报复，其主要目标一般是雇主及相关人员的人身、财产安全。所谓集体骚乱，即指农民工群体在其要求未得到满足后所采取的滋事骚乱行动。

二 新生代农民工维权状况

（一）新生代农民工维权状况概述

由于相当一部分新生代农民工对自己应当享有哪些权利，怎样维权才能受到法律保障并不知晓。他们要么是沉默，默默地承受不公；要么是爆发，采取上述介绍的几种极端方式，导致维权不成反坐牢。据调查，某监狱2010年至2016年每年入监服刑罪犯中，新生代农民工实施犯罪的占当年新入监服刑罪犯的一半以上，有些年份竟占到七成以上。2016年国务院办公厅印发《关于全面治理拖欠农民工工资问题的意见》（以下简称《意见》）。《意见》要求："要以建筑、市政、交通、水利等工程建设领域和劳动密集型加工制造、餐饮服务等易发生拖欠工资问题的行业为重点，健全源头预防、动态监管、失信惩戒相结合的制度保障体系，完善市场主体自律、政府依法监管、社会协同监督、司法联动惩处的工作体系。到2020年，形成制度完备、责任落实、监管有力的治理格局，使拖欠农民工工资问题得到根本遏制，努力实现基本无拖欠。"[1] 2013年10月17日，《南国都市报》发表一篇题为"民工为讨千余元工钱杀人 后悔对不起家人"的新闻。2013年4月23日下午15时许，四川籍工人彭某带着老乡蒲某才、蒲某兄弟一起去乌石农场2队养猪场找包工头项某讨要工钱，在讨薪过程中，彭某、蒲某才和蒲某同包工头项某发生争执并引发互殴。斗殴中，蒲某持方木打中项某头部后扔掉方木跑掉了。民警出警后，联系120救护车将项某送往医院救治，4月26日，项某经抢救无效死亡。据某课题组调查发现，新生代农民工采用极端方式维权的在犯罪总数

---

[1] 国务院：《关于全面治理拖欠农民工工资问题的意见》，2016年11月21日，360百科（https://baike.so.com/）。

中竟占一定比例。在建设中国特色社会主义法治中国的今天，出现这种状况的确令人深思。

（二）新生代农民工维权存在问题的原因分析

1. 维权方式不明晰

新生代农民工所采取的维权行动方式多种多样，学界对此问题的分类也各不相同。有的按照寻求救济的对象不同，将农民工维权方式分为私力救济和公力救济（李文东，2011）；有的从解决途径正式与否将维权方式分为正式途径和非正式途径（王松磊、王坚，2007）。所谓自力救济，就是农民工依靠自身所能动员的资源来维护自己权利的方式。而寻求生活圈之外的人或者组织来维护自己的权利，笔者称之为他力救济。有的学者将所有的维权方式归纳一起没进行具体分类（周斌，2012）。笔者认为，农民工权益维护方式本身具有法律性质，从法律角度划分为合法方式、非法方式和不违法的方式最科学。因为我国现行《劳动法》明确规定，劳动者与用人单位发生争议的，可以申请调解、仲裁、提起诉讼，或者向劳动监察部门举报，也可以协商解决。这是对劳动者维权途径的法律界定。而农民工维权属于"私权利"，私权利的性质是"法无明文皆自由"。这就是说农民工合法的维权方式，除上述几种法定形式外还包括向法律援助机构求助、与用人单位协商和上访等方式。非法的维权方式就是指触犯法律的维权方式，如非法示威，对他人的人身、财产进行侵犯，集体骚乱等。而有的维权方式既没触犯法律，同时法律又没规定，因此，我们称其为不违法的维权方式。如找亲人、老乡、朋友帮忙，向工会、妇联、共青团求助，自虐式反抗等。

2. 维权渠道不畅通

从其权益维护角度看，目前几种主要维权方式均存在一定问题。其表现为以下方面：（1）与用人单位自行协商效果不佳。因新生代农民工与用人单位地位不平等，这种"强资本、弱劳工"的客观状况，致使自行协商根本不可能达到维护农民工合法权益的效果。（2）向劳动保障部门投诉勉为其难。由于目前我国执法力量严重不足，执法监管能力已无法适应劳动关系矛盾"井喷"的速度，致使新生代农民工合法权益的维护受到影响。据统计,目前中国有3000多个劳动保障监察机构,在一些地方1个监察员要面对几千个用人单位、几万名劳动者,当现场执法时还要紧急"借人"。此外,劳动执法体系不健全,也是影响新生代农民工合法权益维护的一个很重要因素。到目前为止,我国还没有政府专门的劳动执法部门,更没有德国那种独立的劳动法院体系,我们承担劳动执法的部门是各级劳动监察机构。此外,劳动执法部门没有行政强制权等,造成了对劳动违法行为处罚力度较弱的现象发生。(3)请求工会调解身份欠缺。众所周知,工会是其会员的组织。我国《工会法》第6条规定:"工会在维护全国人民总体利益的同时,维护职工的合法权益。"但据全国总工会调查,新生代农民工入会率较低,而且即使入会成为其会员,往往也因工会组织不健全、工会职能发挥不充分,而造成调解不力,或者因调解结果不具有法律强制力而难于执行。(4)通过上访很难达到目的。信访是法律赋予公民的一项权利,作为新生代农民工也享有这样的权利。但作为这种非常规做法,有时把握不好不仅会激化矛盾,还会触犯法律。况且我国现行《信访条例》规定的是"属地管理、分级负责"的原则,即使农民工实行上访,也应由事发地政府解决,况且有些问题政府没有直接处理权,如涉法涉诉案件是转为司法部门处理。(5)请求仲裁和诉讼自身乏力。目前,涉及新生代农民工的高发侵权案件主要是工伤和劳资纠纷。按照《劳动法》规定,劳动争议案件必须经过劳动仲裁,才能向法院起诉。这种途径存在程序复杂、成本高、耗时长等较大困难,特别是高昂的诉讼成本令许多新生代农民工望而却步。(6)请求法律援助困难重重。法律援助是新生代农民工维权最为现实的途径,也是国家所提倡的维权方式。目前,通过法律援助来维护自己的合法权益已成为新生代农民工最经济、最有效的选择,但这种方式本身也存在很多亟待解决的问题。首先,法律援助制度立法滞后及相关法律缺陷制约了法律援助制度的发展。到目前为止,我国没有完整统一的法律援助法。1996年3月我国全国人民代表大会修改的《刑事诉讼法》第34条首次在法律上确认了法律援助制度。同年5月《律师法》第41条进一步确认了法律援助制度。

2003年《法律援助条例》的颁布,标志着我国建立起了真正意义上的现代法律援助制度。2006年国务院颁布《关于解决农民工问题的若干意见》,进一步明确了农民工法律援助制度问题。可见,我国法律援助方面的法律规范散见于部门法律、行政法规及部门规章中。纵观法律援助的立法不难发现存在两方面的缺陷:一是立法层次低,不符合维护社会主义法制的统一和尊严的要求。我国《立法法》第9条明确规定:"本法第八条规定的事项尚未制定法律的,全国人民代表大会及其常务委员会有权作出决定,授权国务院可以根据实际需要,对其中的部分事项先制定行政法规,但是有关犯罪和刑罚、对公民政治权利的剥夺和限制人身自由的强制措施和处罚、司法制度等事项除外。"[1] 而法律援助制度作为国家司法制度的重要组成部分,应由全国人大及其常委会以法律的形式规定。然而,目前我国调整法律援助的《条例》属于行政法规,是法律的下位法,承载不了法律的职能。二是内容不全面,标准不统一,不利于保护新生代农民工的合法权益。上述法律文件对新生代农民工法律援助的程序、法律援助的范围和法律援助的标准等都没有统一的规定,使法律援助制度在实施过程中出现很多不协调的情况,影响了该项制度的功能发挥,甚至造成不同地区同种情况的受援人而得到的法律帮助是不同的局面。三是相关法律规定的内容有瑕疵,使法律援助未能达到保护新生代农民工合法权益的目的。我国《法律援助条例》第1条规定,法律援助就是为了保障经济困难的公民获得必要的法律服务,这是法律援助条例的立法宗旨,是农民工权益保障的微观要求。但笔者认为,新生代农民工合法权益的保障既需要法律援助这种微观形式,更需要相关法律宏观上的立法支撑,否则不仅新生代农民工权益难以得到保障,也有违法律援助条例的立法精神。如劳动和社会保障部《关于确立劳动关系有关事项的通知》规定:用人单位未与劳动者签订劳动合同,认定双方存在劳动关系时可参照工资支付凭证或记录(职工工资发放花名册)、

---

[1] 《中华人民共和国立法法》,2015年3月15日,360百科(https://baike.so.com/)。

缴纳各项社会保险费的记录；劳动者填写的用人单位招工招聘"登记表"、"报名表"等招用记录；考勤记录；用人单位向劳动者发放的"工作证"、"服务证"等能够证明身份的证件；其他劳动者的证言等凭证。其中，后两项凭证由劳动者负举证责任。从现实情况看，目前上述《关于确立劳动关系有关事项的通知》规定的内容实施起来存在着问题，因为对用工比较混乱的单位来说，依据工作证、服务证等认定劳动关系基本没有可行性。有的农民工自用工之日起就不曾有过这些证件，即使少数有过，也很少予以保留，这就必然会出现当农民工提出解决劳动报酬等争议的请求时，因提供不出相关证据而败诉的情况。诸如这样的规定，尽管援助者为新生代农民工提供法律援助，也难以使其维权。其次，办理农民工法律援助案件没有形成制约机制，质量难以保证。目前，"质量问题日益成为中国法律援助管理者要着力解决的关键问题"[①]。为能够有效对农民工进行法律援助，提高农民工法律援助案件的质量，我国现已建立了法律援助异地协作等制度，目前已有41个城市实现了异地法律援助协作，涵盖了大部分省会城市及北京、天津、上海、重庆4个直辖市及一些劳务输出输入密集的城市。建立法律援助异地协作机制目的不可否认，通过协作可节约办案成本，并且办案人员凭着对当地的熟悉，可以达到事半功倍的效果。但实践中，法律援助协作主要是通过办案人员直接与对方法律援助机构联系，各法律援助机构之间联系却较少，况且，办案人员对不属于自己职责范围内的案件责任感也不会那么强，协作质量上难免大打折扣。再次，法律援助机构的性质、从业人员的数量，影响了法律援助事业的发展。在我国，目前全国法律援助机构有近一半的是行政机关或依照公务员管理的事业单位，其余多为全额拨款事业单位。法律援助主要是政府承担的责任，因此，为了更好地维护新生代农民工的合法权益，更好地为他们提供法律服务，政府应该为其配备足够的法律服务人员与服务机构。到目前为止，全国还有的县区未成立法律援助机构，多数县区法律援助机构人员在3人以下，有的仅有

---

① 蒋建峰：《法律援助办案质量控制思考》，《中国司法》2005年第7期。

1人。据调查，2010年某省市县三级法律援助机构实际从事法律援助为518人，外出务工人员已达到500余万人，其中30岁以下农民工222.3万人，占全省农民工总数的44.5%，这就等于一位法律援助工作者要为近万名农民工，几千名新生代农民工提供法律援助服务。[①] 尽管这已经是7年之久的情况，但近年来我国律师队伍人员数量增加是有限的。因此，"面对庞大的潜在援助对象，现有的法律援助资源远远不能满足实际需要"。

3. 维权保障机制不健全

（1）维权缺乏法律保障。如按照《工会法》规定"维护职工合法权益是工会的基本职责"，但《工会法》却没有规定如果工会不履行这一职责，必须承担什么法律责任，同时《工会法》也没有作出规定职工可以通过何种途径何种方式，督促工会履行职责问题。前些年，在"东航返航事件"中，东航公司及下属的多家分公司劳资纠纷"战火不断"，矛盾升级让飞行员不惜以伤害消费者的权益为条件来维护自身利益。但在此过程中工会一直处于失语状态，其原因在于《工会法》没有规定工会不履行职责必须承担什么样的法律责任；也没规定通过什么样的程序履行职责。

（2）维权缺乏基层组织保障。作为劳动者基层维权组织的农民工工会到目前为止有的还未建立，有的单位即使建立了，但新生代农民工的参会率却很低。据中华全国总工会2011年2月发布的《新生代农民工调查报告》显示，新生代农民工与传统农民工相比加入工会组织的人数比例偏低，入会率仅为44.6%，低于传统农民工11.4个百分点。

4. 政府职能转变不到位

在我国，目前已出台一些保护农民工权益的法律法规，但新生代农民工权益维护状况并不乐观，有的政府部门在新生代农民工权益维护方面不是提供积极地服务，切实履行保护责任，而是存在"行政不作为"问题。如有的执法部门在新生代农民工权益被侵犯时，不是积

---

① 刘洋、刘云广：《论农民工法律援助机制的改革》，《青春岁月》2011年第6期。

极进行查处，而是放任自流，甚至有的政府本身的一些行政行为就侵犯了新生代农民工的合法权益。如有的地方政府制定一些规范性文件对新生代农民工从事的行业、工种进行限制，特别是有的在就业方面采取的"腾笼换鸟"的做法，直接侵害了新生代农民工平等的就业权利。有的地方政府为了追求政绩，没能正确认识经济增长速度与社会稳定的关系，在处理劳资关系时往往偏袒投资者和企业主，缺乏对新生代农民工合法权益的保护，甚至有的地方政府直接将这一廉价而丰富的劳动力资源作为吸引投资的条件，而对于提高新生代农民工工资和社会保障水平等方面的问题却缺乏应有的积极性。由此可见，上述种种情况，与我们正在打造的责任政府、服务政府、法治政府的目标相互背离。

5. 新生代农民工法治宣传教育效果不理想

随着全国普法工作的推进，新生代农民工法治宣传教育方面取得了显著成就，但从整体来说他们的法律知识还比较欠缺、法律意识还比较淡薄。早在2010年根据中国青少年研究中心发布的《中国新生代农民工发展状况及代际对比》研究报告显示，仅有16.7%的新生代农民工真正了解劳动合同法，大多数新生代农民工只是对《劳动合同法》知道一点，而15.3%的人则一无所知，甚至不知何为"法律武器"。而截止到2015年，还有绝大多数新生代农民工不真正了解劳动合同法的内容。而导致新生代农民工法治观念淡薄的重要原因是新生代农民工法制宣传教育的严重缺失。目前，我国"七五"普法正在进行，但新生代农民工法治宣传教育相对其他普法对象而言，起步较晚，不论内容和形式、制度建设和体制机制等方面都存在不少问题。

（1）从空间上看，新生代农民工法治宣传教育没有普及。由于新生代农民工相当一部分无固定职业，并且分布较广、流动性大、居住分散、难以集中，致使对这一群体法治宣传教育比较困难。笔者近期对一边远省份农民工犯罪情况进行了调查，其结果是，某劳改部门151人的在押的农民工犯罪者当中，有79人犯罪前无业，占犯罪总数的52.3%，这些人在入狱前基本没接受法治宣传教育。

（2）从效果上看，新生代农民工的法治宣传教育的实效性不足。长期以来，全国多数地区农民工法治宣传教育并未达到十分理想的效果。通过对 2010 年某省法院受理各类劳动争议案件调查发现，相当一部分新生代农民工，他们对于自己被侵害的权益，不仅不知道如何通过正常的法律渠道加以维护，有的不知被侵害的正是自己有权捍卫的合法权益，有的对劳动合同存在误解，对劳动合同能否保护他们的权益存在怀疑，甚至认为劳动合同会束缚他们。尽管目前国内劳动力市场供不应求，企业用工荒的现象得以缓解，但因农民工文化素质和技能素质普遍较低，很难找到满意的工作。有的农民工为了有一份稳定的收入，对在被雇用期间的权利和义务得没得到《劳动合同法》的保护并不关注。有的即使知道了自身的合法权益遭到了不法侵害，但却不去讨说法，甚至不相信法律。

（3）从内容上看，新生代农民工的法治宣传教育"着眼点"脱离实际。很多人认为，对新生代农民工普法，目的是使他们知法懂法，尤其是懂得和他们打工生活密切相关的法律法规，重点应该学习《宪法》《刑法》《物权法》《婚姻法》《劳动法》《合同法》《工会法》《安全生产法》《职业病防治法》《治安管理处罚法》《农村土地承包法》《行政诉讼法》《行政复议法》《消费者权益保护法》《妇女权益保障法》《人口与计划生育法》《法律援助条例》《工伤保险条例》，以及有关禁黄、禁赌、禁毒和禁止邪教等。笔者认为，上述这些内容，别说是文化水平普遍偏低又忙于谋生的新生代农民工，就是法律专业人士要懂得这些法律知识也需要一定时间，况且，我们对新生代农民工进行法治宣传教育的目的不是使他们成为法律专家，而是使其信仰法律。因此，在对新生代农民工进行法治宣传时，要求他们掌握如此多的法律内容明显脱离实际。

（4）从形式上看，新生代农民工的法治宣传教育没有创新。由于绝大多数新生代农民工常见的业余生活是聊天、打牌、看电视、听收音机、逛街、看书报，所以，近年来相当一部分地区不同程度地做了大量工作，利用报刊、电视、广播、网络等现代传播媒体，开展了生动活泼的法治宣传教育活动，但因形式单一、内容枯燥，实际效果不明显。有的部门在普法过程中只是简单发发宣传资料，并没能使法治精神、法律内容根植于每位新生代农民工心中。

（5）从制度上看，新生代农民工法治宣传工作机制有待进一步健全和完善。目前从全国范围看，此项工作仍处在探索阶段，没有形成制度化和规范化机制。司法部门、人民调解委员会、工青妇等组织都在做此项工作，齐抓共管，但缺乏统筹牵头单位，尤其缺乏负责抓新生代农民工法治宣传教育工作的专职人员，致使新生代农民工的法治教育始终没有新的起色。新生代农民工法治宣传教育面临上述问题的主要原因有以下方面：一是用工单位法治观念淡薄，致使其法治宣传教育的实效性不足。根据黑龙江省社会科学院的《黑龙江省新生代农民工政治参与的调查报告》显示：我省新生代农民工就业部门分布为：在国有或集体所有企事业单位工作的占10.1%；在个体、私营或"三资"企业工作的占64.7%；自己临时做生意的占5.4%；打零工的占12.8%；其他占7.0%。由于新生代农民工所在的用工单位多数是个体、私营或"三资"企业，他们以追求经济效益为首要任务，自身法治观念较为淡薄。其表现为：有的是用工单位对新生代农民工的法治宣传教育重视程度不够，认识不到位，没有真正将农民工的法治宣传教育工作摆上重要位置；有的对农民工中开展法治宣传教育存在抵触情绪；还有的单位或组织出于各种原因，在法律普及中对法律断章取义，过多或单方面地强调法律义务，少提甚至不提法律所规定的、公民拥有的法律权利。二是新生代农民工自身的文化水平，影响法制宣传教育的效果。新生代农民工中独生子女较多，他们基本出生于20世纪80、90年代。在农村，由于经济等方面的原因，他们最多受过九年义务教育，受教育程度明显不足，而目前城市的高中教育资源由于受户籍等方面的限制，致使他们接受义务后教育非常困难，他们多数在九年义务教育阶段后，只是掌握最基本的文化知识和技能，有的至多扫除了文盲状态，就选择了务工，因此，绝大多数新生代农民工实际上不具有高中文化程度。通过对某企业1800名新生代农民工调查结果显示：文盲、半文盲有58人，占3.2%；小学有267人，占14.8%；初中有714人，占39.6%；高中或中专的有508人，占

28.2%；大专以上有193人，占10.7%。目前，只有个别地方教育部门制定"农民工子女就学政策"，敞门招收农民工子女报考本辖区的重点高中或民办公助校，但绝大多数（57.7%）新生代农民工由于受到户籍限制，教育程度仍停留在义务教育阶段。由于他们没有受过较高层次的教育，没有健全的认知技巧，接受知识的能力较低，尽管受过法制宣传教育，但效果仍不理想，一旦受到外部影响，或在其利益严重受损的情况下，就可能以非理性或难以控制的方式发泄出来，甚至实施犯罪。三是法律制度的缺陷，致使新生代农民工失去对法律的信任。《劳动争议调解仲裁法》是对劳动者劳动权益救济的一部重要法律，可是该法第6条规定："发生劳动争议，当事人对自己提出的主张，有责任提供证据。与争议事项有关的证据属于用人单位掌握管理的，用人单位应当提供；用人单位不提供的，应当承担不利后果"。劳动和社会保障部《关于确立劳动关系有关事项的通知》也规定，用人单位未与劳动者签订劳动合同，有关"工作证"、"服务证"等能够证明身份的证件；其他劳动者的证言等凭证由劳动者负举证责任。从目前实际情况看，法律、规章的这一规定实施有一定难度，因为在企业拒绝签订劳动合同的情况下，依据工作证、服务证等证件来认定劳动关系难度很大。据劳动和社会保障部2008年抽样调查，新生代农民工劳动合同签订率在民营企业仅为55%，没有多少农民工曾经有过并且保留过工作证、服务证这些证件，以至于出现绝大多数农民工提出解决劳动报酬等争议的请求时，因提供不出相应的证据而败诉的情况。四是政府职能转变不到位，致使新生代农民工法制宣传教育流于形式。新生代农民工法制宣传教育是一项系统工程，需要全社会的共同努力，也需政府职能进一步转变。党的十九大报告提出，"在全面建成小康社会的基础上，分两步走：从2020年到2035年，基本实现社会主义现代化。""到2035年，法治国家、法治政府、法治社会基本建成，各方面制度更加完善，国家治理体系和治理能力现代化基本实现。"[①] 而法治政府内涵之一是服务政府。目前，

---

① 《十九大报告》（全文），《人民日报》2017年10月28日。

尽管党中央国务院对新生代农民工问题相当重视，各地政府也先后颁布了做好新生代农民进城务工就业管理和服务工作方面的规定，但从实际状况看，有些政府部门在工作思路和实际做法上还是"管理"有余而"服务"不足，特别是新生代农民工法治宣传教育是一项服务性较强的工作，致使有些政府部门积极性不高，甚至出现相互推诿现象，导致了工作协调难，工作力度受到影响，法治宣传教育效果不佳。

第二节 新生代农民工权益维护的有效途径

一 新生代农民工权益维护有效途径概述

新生代农民工权利救济、权益维护的途径不是唯一的，但实践证明，法律手段是新生代农民工用来维护自身合法权益最经济、最有效的方式。从制度层面看，目前包括法律援助制度及其他制度都存在如何创新完善的问题。从新生代农民工自身素质看，由于法律知识的欠缺，导致其相当一部分人未能运用法治方式对其合法权益进行维护。

二 新生代农民工权益维护具体途径

（一）健全完善制度

亟待从以下方面入手予以解决。

1. 健全法律制度，解决立法滞后

根据我国《立法法》第9条明确规定，法律援助制度作为国家司法制度的重要组成部分，应由全国人大及其常委会以"法律"的形式规定，但目前我国系统调整法律援助的《条例》却属于行政法规，是法律的下位法，既承载不了法律的职能，也不符合《立法法》的要求，为此，应尽快修改，条件成熟时制定法律援助法，以解决法律援助立法滞后问题。

2. 健全监督制度，增强维权效果

提高农民工法律援助案件的质量关键应建立一些行之有效的制度，并且应在法律援助规范性文件中予以规定。近年来，农民工法律援助案件质量存在问题的主要原因，在于对此类案件监督制度不健全，没有形成完善、相互制约的监督体系。为此，我认为，为了提高新生代农民工法律援助案件的质量，必须形成由法律援助管理部门为主，律管部门和法院为辅，受援人员参与的三方制约性监督机制。具体而言，就是法律援助管理部门应加强法律援助案件的质量管理，并可引进 ISO 9000 国际质量管理体系，对法律援助案件着重抓好事前提醒、事中检查、事后回访和检验通报四个环节，在受理案件的同时向受援人和援助者发放法律援助案件质量监督卡；律管部门和法院对法律援助案件进行质量监督，并在法律援助案件质量监督卡上签署意见；受援人和援助者在结案后，将法律援助案件质量监督卡交给法律援助管理部门，并由其进行法律援助回访。法律援助异地协作案件也如此，可通过网络形式传递文书。只有形成这样一个法律援助案件质量监督的闭合系统，使法律援助单方性的政府行为开始向多方性发展，真正提高农民工维权的效力，才能保证法律援助案件的质量。

3. 完善组织制度，提供维权保障

法律援助是一项专业性很强的工作，必须由专门机构承担。目前，针对法律援助机构编制少的状况，政府应采取措施，加大投入，使之与新生代农民工法律援助的客观需求相适应。此外，在机构设置方面应当改变以往根据当地人口确定机构人员编制的做法，对农民工较密集的地区，法律援助机构的编制设计要高于全省或者全国水平，唯有如此，才能保证农民工维权的人力资源。另外，法律援助人员要专业化，只有知晓法律才能保证援助案件的质量。针对目前一些地区，特别是经济欠发达地区职业律师数量不足，不能为农民工提供全方位的法律帮助的现状，应采取从社会上招募法律援助的志愿者，"特别是可以考虑将高校纳入到法律援助序列中"[1]，并针对我国高校法学专业学生的状况，继续推广诊所法律教育，有计划安排法学专业大三、大四的学生在老师引导下开展法律援助活动，并由政府进行必要的投入，这样既满足了学生社会实践的需要，又为农民工提供了较

---

[1] 冯哲：《农民工法律援助制度困境分析与解决》，《农业经济》2009 年第 8 期。

为专业的法律帮助。

（二）增强新生代农民工法治宣传教育的实效性

1. 明确新生代农民工法治宣传教育的责任主体

由于新生代农民工具有分布广、流动性大、居住分散、难以集中，甚至无固定职业等特点，因此，笔者认为，对这类群体的法制宣传教育应本着"谁管辖，谁负责"、"谁审批，谁负责"和"谁用工，谁负责"的原则，强化流入地、审批单位、用人单位的责任，特别是社区应该加强对新生代农民工进行登记和管理，及时对流入的新生代农民工进行法治宣传教育，充分发挥社区在社会管理中的作用。此外，各相关政府职能部门或其他组织也应对新生代农民工法治宣传教育切实负起责任，因为进城务工农民难免要办理各种各样的手续，要与各相关政府职能部门或其他组织打交道，如咨询、办理证照，政府相关部门应以此为契机，有意识地进行法治教育，避免新生代农民工法制宣传教育出现盲区。

2. 加强对个体、私营或"三资"企业的负责人法治宣传教育或必要的法律资质约束

由于新生代农民工所在的用工单位多数是个体、私营或"三资"企业，这些企业负责人的法律意识、法治观念会对新生代农民工的法律意识造成影响或制约新生代农民工法律意识的形成，有的甚至直接对新生代农民工合法权益造成损害，致使一些农民工一时冲动导致犯罪。在这方面，我们能否借鉴国外的法律，如新加坡法律规定："无论是做固定商贩或是流动商贩必须持有当地警察署出具的品行良好的证明。"如果我们以规范性文件的形式要求个体、私营或"三资"企业的负责人在办理企业证照时，必须持有有关部门颁发的从业法律资格证，实行持证上岗，个体、私营或"三资"企业的负责人的法律水平定会有所提高。这样不仅有利于维护新生代农民工合法权益，还能促进新生代农民工的法律意识的提高。

3. 高度关注新生代农民工及其子女在九年义务后的教育

针对一些地区绝大多数新生代农民工教育程度仍停留在义务教育阶段的状况，避免再生新生代农民工因户籍等方面原因，在高中阶段

无法享受城市的教育资源,接受义务后教育,在城市管理等方面应适当放开身份限制,条件比较成熟的地区可实行以登记准入、身份确认,代替户籍管理的试点,鼓励各地积极探索创新工作思路和措施,努力使来日的农民工在教育领域率先享受同城待遇,进而在提高他们文化水平的同时,增强其法律意识和对法律的认知能力。

4. 理性定位新生代农民工法制宣传教育的内容

由于新生代农民工与其他群体相比普遍接受新事物的能力较弱,再加上他们工作辛苦,休息时间不多,因此,不可能将260多部法律都学习一遍,做到面面俱到。习近平总书记多次强调,要在全体公民中牢固树立法治信仰。新生代农民工也是公民中的一员,针对这一群体具体情况而言,首先应该学习宪法知识,其次,应当让他们清楚与自身劳动权益相关的规定和必须遵守的法律。如《治安管理处罚法》《刑法》《劳动法》《劳动合同法》《安全生产法》等法律法规的相关规定等。对他们进行以上述法律为重点的法制宣传教育,主要目的是使他们能够树立社会主义法治理念,学会用法律武器维护自身的合法权益,并相信法律、自觉遵守法律。

5. 扩大劳动合同举证责任的适用范围

把现有法律规定的有关"工作证"、"服务证"等能够证明身份的证件;其他劳动者的证言等凭证由劳动者负举证责任,修改为凡是涉及劳动合同的争议案件,即使劳动者提出主张,也应由用人单位提供所有的证据,即全部实行举证责任倒置。其理由:一是从劳动法律关系的性质看,劳动法律关系是当事人双方地位平等的民事法律关系,而是具有特殊属性的法律关系,它是通过劳动过程体现的,管理是实现劳动过程必不可少的因素,这就决定了这种关系具有一定的隶属性和不平等性。二是从劳动合同法的立法宗旨看,用人单位与劳动者签订劳动合同是用人单位的责任,如《劳动合同法》规定,"劳动关系用工之日起建立,用人单位必须在1个月内与劳动者签订劳动合同。用人单位事实用工,但没有签订劳动合同的,为事实用工"。可见,用人单位与劳动者签订劳动合同是用人单位的必须履行的义务,在用人单位没有按规定履行义务的情况下,要求劳动者承担举证责任有失公平。三是实行举证责任倒置是当今有效维护新生代农民工权益的一种趋势。

6. 创新新生代农民工的法治宣传教育的形式

创新是一个民族进步的灵魂，是一个国家兴旺发达的不竭动力。对新生代农民工的法制宣传教育的形式也应该创新，即转变原有的思维方式，将法治宣传教育与人性教育、道德教育相结合，使我们的法制教育能够真正打动每一位新生代农民工的心灵，并能够使他们真切地感受到遵守法律、信仰法律不仅可以避免灾难、维护权益，还会给人带来福报、受益终生。近年来，大连市文化促进会主办的"公民德行教育论坛"，实践证明，是较好的法治教育的形式，我们不妨加以尝试借鉴推广。这种方式一方面能够有效提高新生代农民工的法律意识，减少犯罪，实现社会的和谐与稳定；更重要的对公民进行德行教育是对中华优秀传统文化的历史传承和创新发展，有利于新时代"文化强国"目标的实现。

笔者认为，当前要促进我国新生代农民工融入城市，以下方面问题不可忽视。一是要使这些新生代农民工真正接合城市的经济生活和社会生活，农民工与现代社会接合的媒介是商品生产，是市场经济，只有与新时代中国特色社会主义市场经济发生广泛的联合后，新生代农民工才会从被动变为主动。二是还要进一步深化户籍制度改革，为新生代农民工能够融入城市彻底消除体制上的羁绊。三是要重视政府的作用。政府除应对社会保障体系、成人教育体系、工厂培训体系等进行大范围的改革外，更要重视消除各种歧视。四是要高度重视经济发展。新生代农民工融入城市最为关键的问题是经济高质量的发展，这是新生代农民工融入城市的物质条件。

参考文献

《列宁全集》第42卷，人民出版社1987年版。

蔡昉、顾宝昌：《人口与劳动绿皮书（2008）中国人口与劳动问题报告No.7人口转变的社会经济后果》，社会科学文献出版社2008年版。

广州市流动人口犯罪研究课题组：《广州市流动人口犯罪研究》，中国人民公安大学出版社2003年版。

国务院研究室课题组：《中国农民工调查报告》，中国言实出版社2006年版。

简新华、黄锟：《中国工业化和城市化过程中的农民工问题研究》，人民出版社2008年版。

李培林、陈光金、张翼、李炜：《中国社会和谐稳定报告》，社会科学文献出版社2008年版。

陆学艺：《当代中国社会结构》，社会科学文献出版社2010年版。

麻国安：《中国的流动人口与犯罪》，中国方正出版社2000年版。

尹保华：《社会工作与和谐社会建构——农民工社会排斥与社会融入的研究》，中国矿业大学出版社2005年版。

张敏杰：《中国弱势群体研究》，长春出版社2003年版。

钟水映：《人口流动与社会经济发展》，武汉大学出版社2000年版。

［德］乌尔里希·贝克：《风险社会》，译林出版社2004年版。

［美］卡罗尔·佩特曼：《参与和民主理论》，陈尧译，上海人民出版社2006年版。

［美］刘易斯：《二元经济论》，北京经济学院出版社1989年版。

［美］迈克尔·P. 托达罗:《经济发展与第三世界》,中国经济出版社1992年版。

［美］迈克尔·布若威:《制造同意》,商务印书馆2008年版。

［美］曼纽尔·卡斯特:《认同的力量》,社会科学文献出版社2006年版。

［英］梅因:《古代法》,沈景一译,商务印书馆1996年版。

《拉美何以出现"贫民窟"》,《社会科学报》第1199期。

陈光:《权利时代》,《民主与法制》2004年第1期。

陈桂兰:《城市农民工的权益保障与政府责任》,《前沿》2004年。

陈虹:《国外关于农民工身份问题研究启示》,《世界农业》2010年第7期。

陈金光:《身份化制度区隔——改革前中国社会分化和流动机制的形成及公正性问题》,《江苏社会科学》2004年第1期。

陈缌:《完善灵活就业人员社会保险关系管理》,《中国劳动》2004年第9期。

陈燕萍、崔志刚:《罗尔斯的正义原则对中国"农民工"弱势群体启示》,《法制与社会》2007年第8期。

陈钰:《新生代农民工教育问题》,《开放导报》2012年第1期。

崔传义:《二元结构下的农民工权益和社会管理改革》,《新闻周刊》2003年第3期。

邓秀华:《新生代农民工问题及其市民化路径选择》,《求索》2010年第8期。

杜江韩、赵楠:《通向"新"市民之路——对深圳"农民市民化"困境的分析》,《中山大学研究生学刊》（社会科学版）2011年第9期。

杜文婧、王嘉祺:《新生代农民工的就业困境及对策建议》,《科技创新导报》2010年第7期。

方剑:《试论农民工劳动权益问题及其法律援助机制》,《甘肃农业》2005年第1期。

冯国建:《新生代农民工双重市民化问题研究述评》,《内蒙古财经学院学报》2011 年第 10 期。

冯奎：《农民工城市融入：实践分析与政策选择》，《首都对外经济贸易大学导报》2011 年第 2 期。

冯哲：《农民工法律援助制度困境：分析与解决》，《农业经济》2009 年第 8 期。

龚红莲：《新生代农民工：特点、问题与对策》，《山东省农业管理干部学院学报》2010 年第 5 期。

郭根山：《试论城市新生代农民工的素质提高》，《北华大学学报》（社会科学版）2008 年第 1 期。

郭根山、刘玉萍：《提高城市中新生代农民工素质的研究》，《安徽农业科学》2007 年第 3 期。

郭华、詹乐：《关于新生代农民工的思考》，《改革与开放》2009 年第 12 期。

韩俊、崔传义、金三林：《现阶段我国农民工流动和就业的主要特点》，《发展研究》2009 年。

何平、华迎放：《灵活就业群体的社会保险》，《中国劳动》2005 年第 11 期。

何瑞鑫、傅慧芳：《新生代农民工的价值观变迁》，《中国青年研究》2006 年第 4 期。

何绍辉：《在"扎根"与"归根"之间：新生代农民工社会适应问题研究》，《青年研究》2008 年第 11 期。

洪朝辉：《论中国农民工的社会权利贫困》，《当代中国研究》2007 年第 4 期。

胡杰成：《新生代农民工市民化的现状、障碍与促进对策》，《中国经贸导刊》2011 年第 4 期。

胡锦涛：《在同全国总工会新一届领导班子成员和中国工会十五大部分代表座谈时的讲话》，《中国工运》2008 年第 11 期。

胡绵娓：《论我国迁徙自由的宪法保障》，《四川师范大学学报》2005 年第 1 期。

蒋建峰：《法律援助办案质量控制思考》，《中国司法》2005 年第

7期。

金喜在、吕红：《灵活就业与实现体面劳动》，《中央党校党报》2008年第4期。

李根寿：《新生代农民工市民化的制约因素及对策探析》，《内蒙古煤炭经济》2008年第2期。

李建华、郭青：《新生代农民工特点分析与政策建议》，《农业经济问题》2011年第3期。

李建华、郭青：《新生代农民工特点分析与政策建议》，《农业经济问题》2011年第3期。

李培林、李炜：《农民工在中国转型中的经济地位和社会态度》，《社会学研究》2007年第3期。

李莎：《论新生代农民工的城市适应》，《山东省农业管理干部学院学报》2006年第6期。

李涛：《新生代农民工市民化的社会学分析》，《长春理工大学学报》2009年第5期。

李伟东：《新生代农民工的城市适应研究》，《北京社会科学》2009年第4期。

李晓红、周文：《转型中社会资本对人力资本投资的影响研究》，《经济学动态》2007年第2期。

李昱：《新生代农民工融入城市问题探析》，《求索》2010年第10期。

刘朝晖：《灵活就业人员社会保险问题的几点思考》，《山东劳动保障》2006年第12期。

刘传江：《新生代农民工的特点、挑战与市民化：现状分析与进程预测》，《中国人民大学复印报刊资料·人口学》2010年第5期。

刘丁银：《新生代农民工问题的思考》，《中国商界》2010年第10期。

刘天金：《农民工代际转换问题及其政策调适和制度安排》，《宏观经济研究》2007年第2期。

刘洋、刘云广：《论农民工法律援助机制的改革》，《青春岁月》2011年第6期。

陆林玲：《新生代农民工就业影响因素研究》，《农业经济》2010年第

5 期。

陆学艺:《农民工问题要从根本上治理》,《特区理论与实践》2003 年第 7 期。

吕传振:《安全经济学:农民工市民化行为的文化逻辑》,《红河学院学报》2009 年第 6 期。

罗霞、王春光:《新生代农村流动人口的外出动因与行动选择》,《浙江社会科学》2003 年第 1 期。

麻宝斌、董晓倩:《中国公共就业服务均等化问题研究》,《东北师大学报》(哲学社会科学版)2009 年第 6 期。

梅定祥:《和谐社会的构建与农民工权益保护的意义》,《党政干部论坛》2007 年第 10 期。

孟小妹:《新生代农民工市民化问题探讨》,《产业与科技论坛》2008 年第 9 期。

聂洪辉:《农民工对城市认同感的缺失探析》,《内蒙古农业大学学报》(社会科学版)2006 年第 1 期。

钱正武:《新生代农民工的主观诉求及政策建议》,《中国青年研究》2006 年第 4 期。

宋冬霞:《试析新生代农民工进退两难的矛盾处境》,《前沿》2012 年第 3 期。

宋虎林:《新生代农民工市民化途径和策略研究》,《经济研究导刊》2010 年第 17 期。

唐有才:《新生代农民工消费研究》,《学习与实践》2009 年第 12 期。

万志玲、向平:《解决新生代农民工问题的途径探讨》,《河北农业科学》2010 年第 7 期。

王春光:《对新生代农民工城市融合问题的认识》,《中国人民大学复印报刊资料·人口学》2010 年第 5 期。

王春光:《农村流动人口的"半城市化"问题研究》,《社会学研究》2006 年第 5 期。

王春光:《农民工:一个正在崛起的新工人阶层》,《学习与探索》2005 年第 1 期。

王春光:《新生代农村流动人口的社会认同与城市融合的关系》,《社会学研究》2001年第3期。

王芊颐、温薇:《刍议新生代农民工问题与对策》,《商业经济》2010年第11期。

王正中:《"民工荒"现象与新生代农民工的理性选择》,《理论期刊》2006年第9期。

王宗萍、段成荣:《第二代农民工的特征分析》,《中国人民大学复印报刊资料·人口学》2010年第5期。

韦芳芳:《新生代农民工就业特征分析》,《淮海工学院学报》(社会科学版#学术论坛)2010年第7期。

吴红宇、谢国强:《新生代农民工的特征、利益诉求及角色变迁》,《南方人口》2006年第2期。

吴洁:《农民工权益保障的现状与对策》,《河海大学学报》2005年第1期。

吴艳:《解决农民工二代就业的必要性及其对策研究》,《河北农业科学》2009年第2期。

吴漾:《论新生代农民工的特点》,《东岳论丛》2009年第8期。

吴振华:《农民工的城市适应模式选择及其原因探析》,《理论与改革》2005年第5期。

肖辉英:《德国的城市化、人口流动与经济发展》,《世界历史》1997年第5期。

肖影玲:《对加强新生代农民工生命教育以预防犯罪的思考》,《青少年犯罪研究》2006年第1期。

肖云、郭峰:《重视和培育良好的农民工就业环境,提高农民工就业能力——以重庆市为例》,《行政与法》2004年第12期。

谢建社、牛喜霞、谢宇:《流动农民工随迁子女教育问题研究》,《中国人口科学》2011年第1期。

徐小霞、钟涨宝:《新生代农民工权利缺失现象的理性思考》,《中国青年研究》2006年第4期。

徐莺:《农民工融入城市之难的思考》,《东北大学学报》(社会科学版）2006 年第 4 期。

许传新：《新生代农民工的身份认同及影响因素分析》，《学术探索》2007 年第 3 期。

许传新：《新生代农民工的身份认同及影响因素分析》，《学术探索》2007 年第 3 期。

严翅君：《警惕：新生代农民工成"职业枯竭"早发群体》，《江苏社会科学》2010 年第 1 期。

杨菊花：《对新生代农民工流动人口认识的误区》，《中国人民大学复印报刊资料·人口学》2010 年第 5 期。

杨琦、姚钧：《应关注新生代农民工的特征变化》，《经济纵横》2011 年第 6 期。

殷娟、姚兆余：《新生代农民工身份认同及影响因素分析——基于长沙市农民工的抽样调查》，《湖南农业大学学报》（社会科学版）2009 年第 3 期。

于莉：《新生代农民工教育培训管窥》，《河北大学成人教育学院学报》2008 年第 1 期。

岳才华：《农民工现代化问题分析》，《河北农业科学》2009 年第 5 期。

张国胜：《农民工市民化的城市融入机制研究》，《江西财经大学学报》2007 年第 2 期。

张慧、郝勇：《基于 SWAT 分析的新生代农民工市民化路径研究》，《劳动保障世界》2010 年第 9 期。

张晓涵：《社会公正视角下新生代农民工市民化问题探析》，《社科纵横》2011 年第 3 期。

张雪筠：《"群体性排斥与部分的接纳"——市民与农民工群际关系的实证分析》，《广西社会科学》2008 年第 5 期。

赵俊超、平新乔：《国外关于农民工问题的评述》，《经济学动态》2007 年第 7 期。

甄月桥等：《新生代农民工身份"转型"困境》，《社会学研究》2011 年第 1 期。

周莹、周海旺：《新生代农民工融入城市的影响因素分析》，《当代青年研究》2009年第5期。

朱冠楠、吴磊：《新生代农民工城市融入问题文献综述》，《管理工程师》2010年第6期。

朱国萍：《新生代农民工的特征及其市民化问题探析》，《山西青年管理干部学院学报》2010年第1期。

[澳] 肖恩·库尼：《让中国的劳动法规更有效（上）》，《国外理论动态》2009年第7期。

《户籍制度改革给"新生代"农民工落户城市带来希望》，《新华日报》2010年2月25日。

《老一代农民工辛苦都为家人新生代农民工流汗多为自己》，《广州日报》2009年10月7日。

《身份决定命运，还是奋斗决定命运？》，《人民日报》2010年11月11日。

《深圳市新生代农民工生存状况调查报告》，深圳市人民政府，2010年7月15日。

《新生代农民工户籍情结调查"我们要一个身份"》，《半月谈》2010年7月8日。

《一亿新生代农民工深度撞击"城市化中国"》，《半月谈》2006年6月8日。

《用制度建设让新生代农民工真正进城》，《东方早报》2010年2月2日。

《中国是否进入"刘易斯转折点"》，《经济参考报》2010年4月22日。

陈晓彬：《城镇化这部引擎该加足马力了》，《经济参考报》2010年2月2日。

冯国建：《新生代农民工市民化问题研究综述》，《南方农村》2011年12月25日。

国家统计局：《2011年农民工监测调查报告》，2012年4月27日。

韩俊：《流动儿童（农民工随迁子女）的教育问题》，《新浪育儿》

2011 年 11 月 23 日。

林铎：《学前教育应该具有公益性、普惠性》，《哈尔滨日报》2012 年 6 月 21 日。

林燕玲：《域外视窗：经济全球化与体面劳动》，《工人日报》2005 年 3 月 25 日。

刘俊彦、吕鹏：《中国新生代农民工发展状况及代际对比研究报告》，中国青少年研究中心，2007 年。

刘强：《制定农民工定居城镇的住房政策已是当务之急》，《农民日报》2010 年 2 月 10 日。

美媒：《农民工子女教育影响中国未来》，《环球时报》2012 年 2 月 15 日。

全国总工会：《关于新生代农民工问题的研究报告》，2011 年 2 月 20 日。

全国总工会新生代农民工问题课题组：《关于新生代农民工问题的研究报告》，《工人日报》2010 年 6 月 21 日。

万兴严、从玉华：《农民工工会不要成摆设》，《中国青年报》2003 年 9 月 24 日。

新华社记者：《胡锦涛出席 2008 经济全球化与工会国际论坛开幕式》，《人民日报》2008 年 1 月 8 日第 1 版。

徐冰：《如蚁的希望和命运》，《晶报》2010 年 5 月 27 日。

徐庆红：《进城务工者的七年之变》，《新京报》2012 年 4 月 14 日。

于立深：《建构以司法为核心的权利救济制度》，《法制日报》2003 年 3 月 8 日。

张彪：《新生代农民工政治参与意识的影响因素分析》，《环球市场信息导报》2011 年 9 月 15 日。

张晓山：《在深化改革中促进城乡统筹发展》，《人民日报》2010 年 3 月 15 日。

中央教育科学研究所：《当前农民工随迁子女教育问题的新特征及相关对策建议》，《成果要报》2011 年 6 月 15 日。

《半月谈》：《新生代农民工政治参与度调查》，新华网，2010 年 3 月

30 日。

《公法评论》,"法律教育网",2007 年 1 月 16 日。

《国务院关于各单位从农村招用临时工的暂行规定》,北京劳动保障网,2007 年 2 月 26 日。

《新生代农民工十大最新动态》,信息化与新农村信息网,2011 年 7 月 15 日。

《中华民国宪法(1923 年)》,引自"宪法中国""法律教育网",2007 年 1 月 16 日。

《中华民国约法(1914)》,"法律教育网",2007 年 1 月 16 日。

《中华人民共和国国务院公报》1957 年第 54 期,中国人大网,2007 年 2 月 26 日。

《中华人民共和国国务院公报》1957 年第 54 期,中国人大网,2007 年 2 月 26 日。

《中华人民共和国户口登记条例》,新华网,2007 年 2 月 26 日。

《中华人民共和国宪法》(1954 年),引自"中国人大网",2007 年 2 月 26 日。

刁望云:《农民工"欠薪"纠纷的原因分析及对策研究》,中国法院网,2010 年 3 月 10 日。

国家人口计生委:《中国流动人口发展报告 2011》,国家计生委网,2010 年 10 月 10 日。

韩长赋:《关于"90 后"农民工》,人民网,2010 年 2 月 1 日。

黑龙江团省委:《黑龙江新生代农民工政治参与调查报告》,黑龙江共青团网,2010 年 12 月 21 日。

王爱云:《户籍和身份决定一切的制度是如何形成的》,中国人大网,2012 年 1 月 4 日。

柳叶青:《江门地区新生代农民工基本公共服务均等化问题研究》,华南理工大学硕士论文,2011 年 12 月 10 日。

《中国新生代农民工发展状况及代际对比研究报告》[EB/OL],http://www.cycs.org/Article.aspCategory = 1&Column = 389&ID = 7879。

《中华民国宪法草案（1936年）》,"四川大学人权法律研究中心网",2007年1月16日（www.scuhr.com/Article_Show.asp?ArticleID=494）。

胡鞍钢:《农民工问题是核心》,东北网（http://finance.dbw.cn.2005-03-02）。

唐仁健:《目前中国新生代农民工大约有1亿人》（http://www.chinanews.com.cn/cj/cj-gncj/news/2010/02-01/2102110.htm）。

中国青少年研究中心:《新生代中国青年农民工研究报告》,搜狐新闻-news.sohu.com,2010年2月23日。

Abrahamson Mark, Valefie Carter, 1986, "Tolerance, Urbanism and Region", *American Sociological Review*, Vol. 51.

Wilensky, Harold, 1964, "Mass Society and Mass Culture", *American Sociological Review*, Vol. 29.

Grasmiek Harold. G, Grasmick Mary. K, 1978, The Effect of Farm Family Background on the Value Orientations of Urban Residents, Sociology, pp. 454-470.

Amatya. Sen, A, Social Exclusion: Concept, Application, and Scrutiny. Asian Development Bank, 2000.

Donald Kellt, The Global Public Management Revolution: A Report on the Transformation of Gover. Washington, D. C.: Brookings Institution, 2000.

Yu Zhu, "China, 5floating Population and the Resettlement Intention in the cities: Beyond the Hukou Reform", Habitat International, 2007, Vol. 31.

后 记

　　10年前，一个偶然的机会接触了一位因"工伤事故"导致肢体终身残疾的新生代农民工。从那时起，我便带着一种对这一弱势群体的同情与怜悯之心，对这一弱势群体融入城市问题开始了系统研究探索。由于前期研究成果丰厚，研究视角独特，2010年该选题被列为国家社会科学基金资助项目（项目编号2010BJY035），并获得了相应资助。

　　其实，探索研究问题是自己的兴趣和爱好。尽管科学研究之路过程较为艰辛，但经过不懈努力最终能够获得成功，会使我乐在其中。我出生在一个知识分子家庭，自幼受到浓厚的知识熏陶。由于家庭住所是独门独院，哥姐又比我年长很多，因此，从我有记忆时起，家里厚重的《世界各国概况》《十万个为什么》《大不列颠百科全书》等书籍便是我最好的"陪伴"。尤其是家里的果树、木料、成套的各种生活必备工具，既开发了我的智力，也培养了我的想象力和研究探索能力，使我养成了对问题研究探索的兴趣，打开了我的思维空间，更使我获得了成功的喜悦。

　　20世纪80年代中期，我大学毕业后被分配到中共黑龙江省委党校从事教学、研究工作。由于扎实的理论功底、严谨的治学态度、卓越的工作成绩，不仅90年代就被提拔为副处级领导干部，而且近年来的科研成果连续获得国家社会科学基金和省部级哲学社会科学规划项目的资助，撰写的研究报告多次得到省领导批示，并荣获省部级奖励。回想多年来走过的科研之路，自己真切地感受到：兴趣爱好是探索成功的基础，而"情感"是取得成功的关键。如果没有对新生代农民工的同情与怜悯，自己对相关问题的研究就会动力不足，或浅尝辄止，更不会获得成功。

众所周知，"内因是变化的根据，外因是变化的条件"。兴趣、爱好和情感都是主观方面的因素，其不可缺少外在客观条件。如果没有良好的学术环境，没有领导的支持和帮助，自己就不可能有今天的成就。在此，我要衷心感谢长期以来鼓励和呵护我的中共黑龙江省委党校的领导，感谢专家的耐心指点，感谢在我研究探索之路上给予帮助的所有好心人，我会继续努力，将以更优异的成绩回报如此难以报答的恩情。

作　者

2017 年 12 月于哈尔滨